SUSANNE DORNER

EINFACH GESUND KOCHEN FÜR KINDER

SUSANNE DORNER

EINFACH GESUND KOCHEN

FÜR KINDER

LECKER, SCHNELL UND GÜNSTIG

riva

KONTAKT UND FEEDBACK

Dieses Buch wurde mit Liebe, Praxis und Expertenwissen ausgearbeitet.

Wenn Sie Anmerkungen, Feedback, Ideen oder Verbesserungsvorschläge haben, freuen wir uns über eine Nachricht an susanne@positiverleben.at, oder besuchen Sie unsere Homepage www.positiverleben.at.

Dankeschön!

WIDMUNG

Für Daniel und Julian, die meinem Leben die richtige Würze mit unendlich viel LIEBE verpasst haben!

Für meinen Mann, ohne den ich nie begonnen hätte, mit FREUDE zu kochen – Liebe geht wahrlich durch den Magen. Für viele glückliche Jahre!

Für alle, die bereit sind, die geheime Zutat Liebe immer in großen Mengen beizufügen – KOCHEN ist Liebe!

INHALT

FRÜHSTÜCKSREZEPTE MIT FLEISCH 52

FRÜHSTÜCKSREZEPTE VEGETARISCH 58

FRÜHSTÜCKSREZEPTE VEGAN 62

FRÜHSTÜCKSREZEPTE SÜSS............ 68

MITTAGESSEN 73

ABENDESSEN 147

SUPPEN 148

SALATE ALS HAUPTGERICHT 151

ABENDESSEN MIT FLEISCH 153

ABENDESSEN MIT FISCH 165

ABENDESSEN VEGETARISCH 167

ABENDESSEN VEGAN 177

ABENDESSEN SÜSS 185

MEAL PREP – LUNCH BOX 195

VORWORT

von Prof. Hademar Bankhofer

APPLAUS FÜR SUSANNES ERNÄHRUNGSTRICKS

Sie ist seit ihrem ersten Buch die Ernährungsmutter der Nation. Kein Wunder, dass dieses zweite Buch folgen musste. Es fügt sich nahtlos an das erste an und ist ein »MUST HAVE« für alle, die Kinder im Haus haben. Im Grunde genommen ist es ein Kochbuch randvoll mit Supertricks für die ganze Familie.

Für eine optimale körperliche und geistige Entwicklung benötigt das Kind Nahrung, Wasser und Luft. Die Umwandlung in körpereigenes Material sowie in Energie erfolgt in zahlreichen kleinen Stoffwechsel-Schritten. Bei jedem einzelnen dieser Schritte werden Mikronährstoffe benötigt: Vitamine, Mineralstoffe, Spurenelemente und vieles andere. Sie alle kommen über die tägliche Nahrung in den Organismus des Kindes. Deshalb muss das Essen natürlich, biologisch und nachhaltig sein. Wobei das Kind hin und wieder auch mit kleinen Ess-Sünden konfrontiert werden soll.

Stellen Sie sich vor: Wenn das Kind ausschließlich ungesund isst und dabei nur 20 Prozent seiner Körperreserven verliert, dann reduziert sich die Effektivität der einzelnen Stoffwechselschritte um 50 Prozent. Die Folge: unspezifische Beschwerden wie Müdigkeit, Schlafstörungen, Hautprobleme, Konzentrationsschwierigkeiten und andere

Unpässlichkeiten. Darum ist das Kochen für und mit Kindern so wichtig.

Was den Erwachsenen Sorgen bereitet: Die meisten Kinder essen zu wenig oder gar kein Gemüse, sehr selten Obst. Dabei sollten auch Kinder täglich fünf Portionen Obst und Gemüse konsumieren, pro Portion jeweils, was in die Kinderhand hineinpasst. Beim Gemüse gibt es bei den Kindern Totalverweigerer. Oft ist es die Farbe des Gemüses. Die einen lehnen grünes Gemüse ab, andere wieder rotes. Da essen sie eher noch weißes Gemüse: Karfiol, Fenchel oder den weißen Teil vom Lauch. Es hilft oft, wenn man aus Karotten oder Kartoffeln Figuren schnitzt. Es ist auch nicht gut, wenn die Erwachsenen Gemüse und Obst übertrieben betonen. Das finden viele Kinder peinlich.

Eine Mahnung an die Eltern: Werden Sie nicht ungeduldig. Eines Tages werden Mädchen und Buben vielleicht mehr Obst und Gemüse dem Fleisch vorziehen. Beginnen Sie jedes Essen mit kleinen Portionen. Das verhindert Stresssituationen bei Tisch. Wenn Sie mit großen und kleinen Tricks Erfolg haben, dann machen Sie weiter damit. Susanne macht es mitunter auch so.

Und sie tut noch etwas: Sie speist mit den Kindern, und sie kocht mit den Kindern. Wenn Kinder in der Küche Aufgaben erfüllen, stehen sie der Mahlzeit und den Rezepten dafür positiv gegenüber. Nach dem Motto: »Wenn ich da mitgemacht habe, muss es super sein.«

Viel Erfolg dem neuen Buch wünscht herzlichst

Hademar Bankhofer

Einleitung

Wenn Sie stets regelmäßig zu Hause für Ihr Kind kochen, dann kennen Sie garantiert das Drama, das sich abspielen kann. Bei kleinen Kindern heißt es oft einfach: »Nein, das schmeckt mir nicht«, während größere Kinder am liebsten jeden Tag ihr Lieblingsgericht essen möchten. Ebenfalls eine beliebte Antwort, was Sie denn kochen sollen, lautet: »Irgendetwas Gutes« oder »Mir egal«.

Fragen Sie Ihre Kinder, so würde es abwechselnd Schnitzel, Spaghetti bolognese und Fischstäbchen geben. Dagegen ist hin und wieder gar nichts einzuwenden. Doch wenn jeden Tag nur Schnitzel, Pasta und Gebackenes auf dem Tisch landet, so ist die Ernährung doch sehr einseitig. Es fehlen Vitamine, Mineralstoffe, Spurenelemente und viele andere wichtige Nährstoffe, die gerade Kinder während des Wachstums benötigen.

Da ich zu Hause dieselben Probleme hatte und meine Kinder einfach gesund ernähren und ihnen dennoch Gerichte zaubern wollte, die ihnen sehr gut schmecken, begann ich zu experimentieren. Ich erstellte Tages- und Wochenpläne, führte Listen mit dem Feedback der Kinder, und auch Freunde der Kinder wurden immer wieder zum Essen eingeladen und hinterher nach ihrer Meinung gefragt. So entstand dieses Kochbuch.

Da ich weiß, wie viel Arbeit dies ist, möchte ich es Ihnen nun einfacher machen und hoffe, dass Sie mit diesem Buch einen großartigen Begleiter in der Küche haben. Auch ich war immer eine berufstätige Mutter und griff an vielen Tagen zu fertigen Gerichten, weil diese nach einem langen Arbeitstag schnell zuzubereiten sind. Natürlich hatte ich dann immer ein schlechtes Gewissen und sagte mir, dass ich das ändern wolle.

Meine Rezepte sind einfach und schnell zu kochen, sodass es nach einem langen Arbeitstag kaum Mühe macht. Viele dieser Speisen lassen sich in größeren Mengen zubereiten und einfrieren. So haben Sie für die nächsten Wochen immer etwas Köstliches und Gesundes zur Hand.

Susanne Dorner

SYMBOLE AUS DEN REZEPTEN

	**Schwierigkeitsgrad** Sie können alle Rezepte meistern. Ein paar Rezepte sind aufwendiger als andere und nehmen vielleicht anfangs mehr Zeit in Anspruch.
	**Arbeitszeit** Das ist die Zeit, die Sie bei der Zubereitung aktiv mitwirken.
	**Gesamtzeit** Das ist die insgesamt erforderliche Zeit, die auch Kühlzeiten und Backzeiten umfasst.
	**Portionen** Wie viele Portionen oder Stücke das Rezept ergibt. **Hinweis:** Der Großteil der Rezepte ist auf 2 Portionen ausgelegt, damit sie bei Bedarf die Mengen einfach multiplizieren können.

GRUNDBEGRIFFE DER KÜCHE

Maßeinheiten

1 TL = 1 Teelöffel = ca. 5 ml oder 5 g
1 EL = 1 Esslöffel = 3 Teelöffel = ca. 15 ml oder 15 g
1 Prise = was Sie zwischen 2 Fingerspitzen halten können

Deutsch-Österreichisch-Schweizerisches Wörterbuch der Zutaten und Speisen

Immer wieder kommt es vor, dass unsere Leserinnen und Leser sich beim Lesen der Zutaten und Speisen nicht ganz sicher sind, was gemeint ist.

Hier finden Sie eine Auflistung der wichtigsten Ausdrücke in diesem Kochbuch.

Deutsch	Österreichisch	Schweizerisch
Aprikosen	Marillen	Aprikosen
Arme Ritter	Pofesen	Fotzelschnitten
Blumenkohl	Karfiol	Blumenkohl
Brötchen	Semmel	Semmeli
Brühe	Klare Suppe	Bouillon
Eigelb	Eidotter	Eigelb
Eiweiß	Eiklar	Eiweiß
Fleischkäse	Leberkäse	Fleischkäse
Frikadellen	Faschierte Laibchen	Hackplätzchen
Hackfleisch	Faschiertes	Hackfleisch
Lunchbox	Jausenbox	Lunchbox
Kartoffel	Erdäpfel	Kartoffel
Kloß, Klößchen	Knödel, Nockerl	Knödel, Chügeli
Kohl	Kraut	Kabis
Maisgrieß	Polenta	Maisbrei
Möhre	Karotte	Rüebli
Paniermehl	Semmelbrösel	Paniermehl
Pfannkuchen	Palatschinken	Amelette
Pfannkuchenstreifen	Frittaten	Flädli
Pflaumenmus	Powidl	Pflaumenmus
Pflaume	Zwetschge	Pflaume
Porree	Lauch	Porree
Puderzucker	Staubzucker	Puderzucker

Deutsch	Österreichisch	Schweizerisch
Quark	Topfen	Quark
Rote Bete	Rote Rübe	Rahne
Saure Sahne	Sauerrahm	Sauerrahm
Sahne	Schlagobers	Schlagrahm
Schmand	Créme fraîche	Créme fraîche
Tomate	Paradeiser	Tomate
Wiener Würstchen	Frankfurter	Wienerli

TIPPS FÜR ZUTATEN

Verwenden Sie bitte immer frische und hochwertige Zutaten/Lebensmittel.

MEHL

Für das Mehl in den Rezepten können Sie reines Weizenmehl mit dem Mahlgrad »universal« verwenden. Sie können außerdem zwischen Weizen-, Dinkel- und Roggenmehl variieren. Natürlich können Sie bei Bedarf auch glutenfreies Mehl verwenden.

Griffiges Mehl

Griffiges Mehl ist ein wenig gröber vermahlen, nimmt daher Flüssigkeit gut auf und ermöglicht elastische, feste, aber auch flaumige Teige wie Nudelteig, Mürbteig, Kartoffelteig etc.

Insofern ist es am besten geeignet für Teige, die quellen müssen, und zum Bemehlen von Oberflächen.

Glattes Mehl

Glattes Mehl ist ein weiches, staubiges Mehl mit starker Bindekraft. Daher ist es für feinporige Teile wie Strudelteig, Blätterteig, Pfannkuchen etc. geeignet.

Universalmehl

Universalmehl ist eine Mischung aus glattem und griffigem Mehl im Verhältnis 1:1 und daher universell einsetzbar.

Maismehl (Speisestärke)

Der Begriff Speisestärke wird häufig genutzt und ist nicht dasselbe wie Kartoffelmehl. Speisestärke wird aus Mais gewonnen und Kartoffelstärke aus Kartoffeln.

Maisstärke ist im Gegensatz zur Kartoffelstärke meist gluten- und laktosefrei. Die meisten kennen Maisstärke als Mondamin oder Maizena, das es in jedem Supermarkt zu kaufen gibt.

Paniermehl

Paniermehl, auch Panierbrot, Semmelbrösel, Semmelmehl, geriebene Brötchen oder Weckmehl genannt, wird aus trockenem Weißbrot oder trockenen Brötchen durch Mahlen hergestellt und dient zum Panieren.

GRIESS

Weichweizengrieß

Weichweizengrieß eignet sich besonders gut zur Herstellung von Grießbrei, Desserts oder Kuchen.

Hartweizengrieß

Hartweizengrieß ist die Grundlage für viele Teigwaren. Beim Kochen wird der Grieß locker und bleibt trotzdem schnittfest. Daher eignet er sich für Klöße, Aufläufe und Suppeneinlagen.

Vollkorngrieß

Vollkorngrieß wird aus ungeschältem Weizen hergestellt. Alle Bestandteile des vollen Korns bleiben erhalten. Er ist daher reich an Vitaminen, Mineral- und Ballaststoffen. Der Geschmack ist kräftig und kernig. Diese Sorte eignet sich für herzhafte und deftige Speisen.

Maisgrieß

Maisgrieß ist ein Getreideerzeugnis und auch unter der Bezeichnung »Polenta« bekannt. Früher galt Maisgrieß als Arme-Leute-Essen, da er sowohl günstig war als auch gut sättigte und viel Energie lieferte.

Maisgrieß eignet sich nicht nur für Desserts und süße Gerichte, sondern auch für Suppen, Aufläufe, Soßen und Breie.

ÖLE

Gesundes Öl für Salate

Verwenden Sie bitte ausschließlich hochwertiges, kaltgepresstes Öl für Salate (zum Beispiel Olivenöl).

Gesundes Öl zum Braten und Frittieren

Zum Braten und Frittieren eignen sich Öle mit hohem Rauchpunkt (zum Beispiel Bio-Kokosöl).

Wichtiger Hinweis für dieses Kochbuch

Ja! Gesundes Braten und Frittieren ist möglich: mit Kokosöl oder in der Heißluftfritteuse.

Dieses Kochbuch enthält viele bunte Rezepte, die Kinder gerne mögen. Darunter sind auch Rezepte, bei denen das eine oder andere Mal etwas gebraten oder frittiert wird. Wenn das richtige Öl verwendet wird, ist dies sogar gesund bzw. nur dann ist es ein gesundes Rezept. Ich verwende schon seit vielen Jahren ausschließlich Kokosöl zum Kochen, und es ist mir ein sehr wichtiges Anliegen, dass auch Sie auf das richtige Öl achten.

Aufgrund seines 90-prozentigen Anteils an gesättigten Fettsäuren ist das Kokosöl als einziges Pflanzenöl sehr hitzebeständig und kann allgemein als gesundes Fett bezeichnet werden. Kokosöl sollten Sie jedoch bitte nicht verwechseln mit Kokosfettwürfeln, die meist industriell raffiniert sind.

Gerne können Sie alle enthaltenen Rezepte mit Kokosöl zubereiten. Nur für Salate empfehle ich ein gutes Olivenöl.

ZUCKER

Wo können Sie anfangen, wenn Sie eine gesündere Ernährung für Ihre Kinder wünschen?

Mein Tipp: indem Sie Zucker reduzieren oder, besser noch, zuckerhaltige Lebensmittel gegen eine gesündere Variante austauschen.

Verwenden Sie beispielsweise …

- statt Milchschokolade: Zartbitterschokolade
- statt Süßigkeiten: Obst oder Nüsse
- statt Limonade oder Softdrinks: Wasser oder andere zuckerfreie Getränke
- statt Fruchtsaft: Tomatensaft
- statt gekauftem Ketchup: selbst gemachtes Ketchup
- statt gekauftem Früchtejoghurt: Naturjoghurt, gemischt mit frischen Früchten
- statt Frühstücksflocken: Nüsse, Samen, Kokosflocken oder Mandelbrei
- statt gekauften Milchshakes: frische selbst gemachte Smoothies

Heutzutage ist Zucker schon lange kein Luxusartikel mehr, sondern überall präsent. Ob Zucker für die Kinder schädlich ist, hängt von der Dosis ab.

Beim Kochen und Backen gibt es zuckerreduzierte oder zuckerfreie Alternativen. Haben Sie keine Angst, für Ihr Kind Gerichte mit Butter, Sahne und gutem Öl zu kochen. Diese Lebensmittel sättigen sehr gut und nachhaltig. So wird das Verlangen nach Süßem gemindert.

NÜTZLICHE HILFSMITTEL

KOCHUTENSILIEN

Neben den Standard-Küchengeräten sind die folgenden Küchenutensilien nützlich für die Zubereitung der Rezepte:

- scharfe Messer (achten Sie auf eine kindersichere Aufbewahrung)
- Schneidbretter
- Gemüseschäler
- Schüsseln in verschiedenen Größen
- Auflaufformen in verschiedenen Größen
- Muffinformen
- Kuchenform
- Bratringe
- Spritzbeutel
- Backpinsel
- Backpapier
- Ofenhandschuhe
- Zahnstocher
- Schraubgläser
- Kochtöpfe in verschiedenen Größen
- Bratpfanne
- Waffeleisen
- Multi- oder Vierkantreibe
- Dampfgarer (optional)
- Heißluftfritteuse (optional)
- Salatschleuder (optional)

Backofen

Hinweis zu den Backzeiten

Die angegebenen Backzeiten können je nach Ofentyp und gewünschtem Bräunungsgrad variieren. Bitte prüfen Sie deshalb stets zwischendurch den Backverlauf bzw. ob nach Beendigung der angegebenen Backzeit das gewünschte Ergebnis erreicht ist.

Die Temperaturangaben in diesem Kochbuch beziehen sich auf Elektrobacköfen, nicht auf Gasbacköfen. Bitte beachten Sie bei der Einstellung des Backofens stets die Gebrauchsanleitung des Herstellers.

Ober- und Unterhitze

Für die meisten Gerichte ist die Verwendung von Ober- und Unterhitze zu empfehlen, da die Speisen dann nicht so viel Flüssigkeit verlieren und daher saftiger bleiben. Das zugehörige Symbol am Backofen ist an den zwei Balken (oben und unten) zu erkennen. Der Backofen sollte hier immer vorgeheizt werden.

Umluft

Mit der Umluftfunktion können Sie bei gleicher Gardauer um etwa 20 °C niedrigere Temperaturen auswählen als bei Ober- und Unterhitze. Das Vorheizen entfällt (außer bei Brot und Gebäck), und Sie können das Gericht sofort in den Backofen schieben. Das spart Zeit und Energie. Außerdem können bis zu 4 Ebenen genutzt werden, da die Temperatur überall gleich ist.

TIPPS FÜR DIE ZUBEREITUNG

Die geheime Zutat

Denken Sie daran: Die geheime Zutat ist immer Liebe – sie ist am allerwichtigsten!

Braten

Das Braten oder Kurzbraten in der Pfanne ist eine sehr beliebte Garmethode für Fleisch, Fisch und Gemüse. Die Zutaten werden dabei zuerst in heißem Fett angebraten, sodass sich Röststoffe bilden, und danach bei reduzierter Temperatur fertig gebraten.

Verwenden Sie zum Anbraten ein hoch erhitzbares Fett wie zum Beispiel das empfohlene Kokosöl.

Dämpfen

Dämpfen ist ein sanftes Garen im Wasserbad. Sie können entweder einen Topf mit passendem Dampfeinsatz und Deckel oder einen Dampfgarer verwenden. Diese Methode ist vitaminschonend sowie fettsparend und für Gesundheitsbewusste bestens geeignet.

Frittieren

Frittieren ist Garen in heißem Fett bei gleichbleibender Temperatur. Hierfür kann sowohl eine Pfanne als auch ein Topf oder eine Fritteuse verwendet werden. Geben Sie die Zutaten immer portionsweise ins heiße Fett, damit diese genügend Platz haben und das Fett nicht zu schnell abkühlt.

Wählen Sie ein hoch erhitzbares Fett, wie zum Beispiel das empfohlene Kokosöl.

Gesundes Frittieren

Als attraktive Alternative zu den oben genannten Methoden ist noch die Heißluftfritteuse erwähnenswert: Das Essen kann fettreduziert und gesund frittiert werden, es entstehen auch keine unangenehmen Gerüche. Ein Nachteil der Heißluftfritteuse besteht darin, dass die Anschaffungskosten höher sind. Der Kostenfaktor wird jedoch relativiert, wenn Sie bedenken, dass die Anschaffung für spezielles Frittierfett (zum Beispiel Kokosöl) entfällt.

Das Essen schmeckt auf jeden Fall genauso gut, und die Heißluftfritteuse ist eine willkommene Alternative, wenn Sie sich und Ihre Kinder mit gesundem und dennoch geschmackvollem Essen versorgen möchten.

KRÄUTER UND GEWÜRZE

Aufbewahrung

Kräuter sind sehr vielfältig verwendbar: frisch, getrocknet, gefroren oder in Öl eingelegt. Kräuter und Gewürze sind voller Aromen, die sich schnell verflüchtigen. Daher sollten Sie frische Kräuter rasch verarbeiten oder einfrieren fürs nächste Mal.

Kinder lieben es, zu gärtnern: Ob von der Fensterbank oder aus dem Garten, es macht Freude, frisch und mit eigenen Händen zu ernten.

Menge

Frische Kräuter: Grundsätzlich können Sie mit ½–1 TL frischer Kräuter pro Portion rechnen (je nachdem, wie intensiv die Kräuter sind).

Getrocknete Kräuter: Hier nehmen Sie nur die Hälfte oder eine »Prise«, also das, was Sie zwischen 2 Fingerspitzen halten können.

BASISREZEPTE

Dieses Kapitel enthält Basisrezepte, die in verschiedenen Rezepten im Buch zur Anwendung kommen. Sie sind jedoch generell beim Kochen nützlich und vielfach verwendbar.

NATÜRLICHES REINIGUNGSSPRAY

Obst und Gemüse von Wachs und Pestiziden befreien

Bevor wir mit den Kochrezepten loslegen, ist mir dieses Basisrezept sehr wichtig: ein Spray für die natürliche und effektive Reinigung von Obst und Gemüse.

Wenn Obst und Gemüse mit Pestiziden, Spritzmitteln oder Ähnlichem behandelt wurden, möchten Sie diese Stoffe nicht unbedingt mitessen. Auch Bio-Obst und -Gemüse wird häufig gespritzt oder mit einer glänzenden Wachsschicht überzogen. Mit diesem Reinigungsspray lässt sich alles wunderbar entfernen:

einfach | 10 Minuten | 10 Minuten | 1 Flasche

Zutaten

1 Zitrone
2 TL Natron
75 ml Essig (günstiger Haushaltsessig)
300 ml kaltes Wasser
1 Glasflasche mit Sprühkopf (ca. 300 ml)

1. Zitrone auspressen und durch ein feines Sieb in eine große Schüssel gießen. Das Sieb ist wichtig, damit später in der Sprühflasche keine Zitronenstücke den Sprühkopf verstopfen.
2. Natron, Essig und Wasser in die Schüssel dazugeben und alles gut verrühren.
3. Sobald sich der entstandene Schaum aufgelöst hat, den Inhalt in eine Glasflasche mit Sprühkopf umfüllen.
4. Obst und Gemüse einfach vor dem Verzehr einsprühen, leicht verreiben und mit kaltem Wasser gut abspülen.

TIPPS UND TRICKS

Wenn Sie diesen natürlichen Obst- und Gemüsereiniger an der Spüle stehen haben, wird es schnell zur Gewohnheit, diesen vor jedem Verzehr automatisch zu verwenden. Es ist kein großer Aufwand, hat jedoch eine umso größere Wirkung!

Mit dem Inhalt einer Sprühflasche kommt ein durchschnittlicher Haushalt ca. eineinhalb Monate aus.

Das natürliche Reinigungsspray muss nicht im Kühlschrank aufbewahrt werden.

Natron ist am bekanntesten unter dem Markennamen Kaiser-Natron. In kleinen Tüten abgepackt, ist es in jedem Supermarkt in der Backabteilung, aber auch in Drogerien oder im Online-Handel erhältlich.

GEWÜRZPASTE MIT GEMÜSE (AUCH FÜR GEMÜSEBRÜHE)

einfach | 20 Minuten | 45 Minuten | 1 Schraubglas (ca. 300 ml)

Zutaten

200 g Möhren | 200 g Staudensellerie | 100 g Zwiebeln | 100 g Tomaten | 150 g Zucchini | 1 Zehe Knoblauch | 50 g Champignons | 1 getrocknetes Lorbeerblatt | 6 Zweiglein frische abgezupfte Kräuter (z. B. Rosmarin, Basilikum und Salbei) | 4 Stängel abgezupfte Petersilie | 120 g grobes Salz | 30 ml Wasser | 1 EL Olivenöl | 50 g geriebener Parmesan (optional)

1. Das Gemüse waschen, bei Bedarf schälen und klein würfeln (entweder grob zerkleinern und dann mit einer Küchenmaschine zerkleinern oder mit der Hand in kleine Würfel schneiden).
2. Die Kräuter waschen, trocken tupfen und grob hacken.
3. Zerkleinertes Gemüse und Kräuter, Salz, Wasser und Olivenöl in einen Topf geben, langsam erwärmen und für 25 Minuten bei mittlerer Hitze einkochen. Die Mischung dickt dabei ein und kann auch ziemlich trocken werden. Regelmäßig umrühren, damit sich am Boden nichts anlegt.
4. Alles mit einem Stabmixer fein pürieren.
5. Optional: Parmesan zugeben und verrühren oder noch einmal kurz pürieren.
6. Auskühlen lassen.
7. Die ausgekühlte Gewürzpaste in ein ausgekochtes Glas mit Deckel geben und verschließen.

TIPPS UND TRICKS

Für die Herstellung von 500 ml Gemüsebrühe verwenden Sie 1 TL Gewürzpaste und 500 ml Wasser.

Die Gewürzpaste kann mit jedem Gemüse kombiniert werden. So können Sie alles aufbrauchen, was Sie vielleicht noch im Kühlschrank haben, bevor es verdirbt.

Füllen Sie die Gewürzpaste in ein Glas (oder mehrere Gläser), das gut in Ihren Kühlschrank (z. B. in die Kühlschranktür) passt.

Für ein Gericht verwenden Sie ca. ½–1 TL zum Würzen.

Die Gewürzpaste hält sich im Kühlschrank bis zu 4 Wochen oder im Gefrierfach bis zu 3 Monate (Achtung: hier kein Glas, sondern einen geeigneten Behälter zum Einfrieren verwenden).

Die Paste immer mit einem sauberen Löffel entnehmen, um eine Verunreinigung zu vermeiden und die Haltbarkeit zu gewährleisten.

Sie können damit alles würzen, wofür Sie früher Gewürzwürfel oder Gewürzsoßen aus dem Handel verwendet haben.

Der Vorteil: Diese Würzpaste ist wirklich Natur pur, enthält keinerlei künstliche Zusätze und ist bestimmt mit Liebe gemacht.

Kräutersalz

einfach | 5 Minuten | 5 Minuten | 1 Schraubglas (ca. 300 ml)

Zutaten

150 g grobes Salz | 3 TL getrocknete Petersilie | 2 TL getrocknete Basilikumblätter | 2 TL getrockneter Oregano | 2 TL getrockneter Thymian | 1 TL Rosmarin | 1 Zehe Knoblauch

1. Salz und Kräuter in den Mixer geben und zerkleinern.
2. In das Schraubglas füllen.

Tipps und Tricks

Das Kräutersalz hält sich trocken und dunkel gelagert einige Monate. Sie können auch immer wieder mit anderen Kräutern experimentieren. Die fertige Kräutermischung können Sie nach Belieben in verschiedene Größen von Gläser füllen. Auch als Geschenk ist diese wohlduftende Mischung bestens geeignet.

Wenn Sie frische Kräuter im Garten oder auf der Fensterbank haben, können Sie diese natürlich auch verwenden. Hierfür müssen die Kräuter zuerst gewaschen, abgezupft und im Backofen (am besten bei 60 °C Umluft) für ca. 60 Minuten trocknen, bis die Blätter ganz trocken sind – sodass sie rascheln. Danach wie im Rezept beschrieben weiterverarbeiten.

Selbst gemachtes Ketchup ohne weißen Zucker

einfach | 10 Minuten | 30 Minuten | 1 Schraubglas (ca. 450 ml)

Zutaten

1 Zwiebel | 1 EL Kokosöl | 1 EL | Tomatenmark | 2 EL Honig | 2 EL Apfelessig | 400 g stückige Tomaten

1. Die Zwiebel schälen und sehr fein würfeln.
2. Das Kokosöl in einem Topf erhitzen. Die Zwiebel darin hellbraun andünsten.
3. Das Tomatenmark und den Honig dazugeben und kurz mitbraten.
4. Mit dem Apfelessig ablöschen und mit den Tomaten aufgießen.

5. Bei geringer Hitze für 20 Minuten einkochen lassen.
6. In ein steriles und ausgekochtes Schraubglas füllen, verschließen und auskühlen lassen.

TIPPS UND TRICKS

Im Kühlschrank ist das Ketchup etwa 4 Wochen haltbar.

Das Ketchup immer mit einem sauberen Löffel entnehmen, um eine Verunreinigung zu vermeiden und die Haltbarkeit zu gewährleisten.

SALATDRESSING

einfach | 5 Minuten | 5 Minuten | 2 Portionen

Zutaten

3 EL kaltes Wasser | 1 EL Apfelessig oder weißer Balsamico | 1 Prise Zucker oder 1 TL flüssiger Honig | ½ TL Salz | 1 Prise Pfeffer | 1 TL Senf (optional) | 2 EL Olivenöl | 1 Bund Schnittlauchröllchen

1. Wasser, Essig, Zucker oder Honig, Salz, Pfeffer und optional Senf in einer Schüssel gut verrühren, bis alle Zutaten (wie Salz, Zucker oder Honig) aufgelöst sind.
2. Olivenöl und Schnittlauchröllchen dazugeben und gut verrühren.
3. Mit Pfeffer nach Geschmack abrunden.

TIPPS UND TRICKS

Gerne können Sie auch mehrere Portionen vorbereiten. In einem sauberen Schraubglas oder einer Glasflasche hält sich das Dressing im Kühlschrank ein paar Tage. Vor der Verwendung kräftig schütteln, damit sich alle Zutaten wieder miteinander verbinden.

Seien Sie kreativ und variieren Sie gemeinsam mit Ihrem Kind die Kräuter.

Verwenden Sie nur hochwertigen Essig und hochwertiges Öl.

Wer das Dressing süßlicher mag, kann einfach mehr Zucker oder Honig hinzugeben.

FRÜHSTÜCK

Bevor Ihr Kind in den Tag startet, sollte es unbedingt ein gesundes Frühstück zu sich nehmen. Nur so hat es die Energie, die es braucht, um den Tag gut zu meistern.

Einfaches Brot mit Körnern

einfach | 15 Minuten | 2,5 Stunden | etwa 12 Scheiben

Zutaten

700 g Dinkelvollkornmehl | 2 TL Trockenhefe | 1 TL Rohrzucker | 1 EL Brotgewürz | 1 TL getrockneter Oregano | 100 g Sonnenblumenkerne | 50 g Kürbiskerne | 550 ml lauwarmes Wasser | 50 ml Olivenöl | 2 EL Leinsamen | etwas Butter zum Einfetten der Backform (ca. 30 × 15 cm)

1. Das Dinkelmehl mit der Trockenhefe, dem Rohrzucker, dem Brotgewürz, dem Oregano, den Sonnenblumenkernen und den Kürbiskernen mit den Händen oder in einer Küchenmaschine mit Knethaken gut vermischen.
2. Das Wasser und das Olivenöl dazugeben und zu einem Teig verkneten. Der Teig ist fertig, wenn er sich vom Rand löst. Die Schüssel mit einem Tuch bedecken und bei etwa 30 °C für mindestens 1 Stunde quellen lassen.
3. Nach der Ruhezeit den Teig auf eine leicht bemehlte Arbeitsfläche geben und mit den Händen noch einmal kurz durchkneten.
4. Den Teig in eine leicht gebutterte Backform geben und mit den Leinsamen bestreuen. Das Brot für weitere 20 Minuten ruhen lassen.
5. Backofen auf 200 °C Ober- und Unterhitze (oder 180 °C Umluft) vorheizen.
6. Das Brot auf mittlerer Schiene im Ofen für 50 Minuten backen. Aus dem Ofen nehmen, für 10 Minuten auskühlen lassen und dann erst aus der Form stürzen.

Tipps und Tricks

Falls Sie einen Brotbackautomaten haben, können Sie auch alle Zutaten einfach hineingeben und im Menü das Programm »Vollkorn« einstellen.

Pfannenbrot

einfach | 30 Minuten | 60 Minuten | 8 Stück

Zutaten

300 g Mehl | 200 g feiner Maisgrieß | 18 g Trockenhefe | ½ TL Rohrzucker | 1 TL Kräutersalz | 2 EL Olivenöl | 300 ml lauwarmes Wasser | 2 EL gehackte Petersilie | Kokosöl zum Braten

1. Das Mehl mit dem Maisgrieß, der Trockenhefe, dem Rohrzucker und dem Kräutersalz in eine Schüssel geben und vermischen.
2. Das Olivenöl, das lauwarme Wasser und die gehackte Petersilie dazugeben und mit den Händen zu einem glatten Teig verkneten. Die Schüssel mit einem Küchentuch bedecken und für 60 Minuten quellen lassen.
3. Den Teig in 8 gleiche Stücke schneiden und mit leicht bemehlten Händen zu Kugeln formen.
4. Eine Pfanne mit etwas Kokosöl erhitzen. Die Kugeln mit den Händen flach drücken. Die Pfannenbrote für etwa 3 Minuten je Seite auf mittlerer Hitze braten.

Tipps und Tricks

Sie können die Teiglinge vor dem Backen auch wunderbar einfrieren. Danach am besten am Vorabend aus der Kühlung nehmen und am Morgen frisch in der Pfanne backen.

Blätterteig-Hörnchen

einfach | 10 Minuten | 30 Minuten | 6 Stück

Zutaten

100 g Blätterteig (aufgetaut oder aus dem Kühlregal) | 100 g Zartbitterschokolade (optional) | 1 Ei | 6 TL Mandelblättchen

1. Backofen auf 190 °C Ober- und Unterhitze (oder 170 °C Umluft) vorheizen.
2. Den Blätterteig auf eine leicht bemehlte Arbeitsfläche geben und in 6 gleich große Dreiecke schneiden.
3. Optional: Die Schokolade grob zerbrechen und jeweils auf die breite Seite der Dreiecke legen.
4. Mit der breiten Seite einrollen, zu Hörnchen formen und auf ein mit Backpapier ausgelegtes Backblech legen.
5. Das Ei in einer kleinen Schale verrühren und die Hörnchen damit einpinseln.
6. Mit den Mandelblättchen bestreuen.
7. Die Hörnchen auf mittlerer Schiene für 20 Minuten goldbraun backen. Aus dem Ofen nehmen und kurz auskühlen lassen.

Tipps und Tricks

Sie können die Hörnchen auch mit diversen Konfitüren oder zum Beispiel pikant füllen oder pur backen.

Vegane Hafer-Milchbrötchen

einfach | 15 Minuten | 1,5 Stunden | 12 Stück

Zutaten

250 ml lauwarme Hafermilch | 70 g weiche Butter | 2 TL Rohrzucker | 1 Päckchen Trockenhefe | 500 g Mehl etwas Hafermilch zum Einpinseln | etwas Butter für die Backform (ca. 30 × 20 cm)

1. Die lauwarme Hafermilch mit der Butter, dem Rohrzucker und der Trockenhefe in eine Schüssel geben und verrühren.

2. Das Mehl dazugeben und mit einem Handmixer mit Knethaken gut verkneten. Die Schüssel mit einem Tuch bedecken und an einem warmen Ort für 1 Stunde quellen lassen.
3. Den Teig auf eine leicht bemehlte Arbeitsfläche geben und mit den Händen kurze durchkneten. In 12 gleiche Stücke schneiden und zu Kugeln formen.
4. Die Backform mit etwas Butter einfetten. Die Teigkugeln mit etwas Abstande in die Form legen und für weitere 20 Minuten ruhen lassen.
5. Nach der Ruhezeit den Backofen auf 190 °C Ober- und Unterhitze (oder 170 °C Umluft) vorheizen. Die Brötchen mit etwas Hafermilch einpinseln und auf mittlerer Schiene für etwa 20 Minuten goldbraun backen.

Toastbrot

einfach | 15 Minuten | 1,5 Stunden | 12 Scheiben

Zutaten

250 g Mehl | 1 TL Trockenhefe | ½ TL Rohrzucker | 1 EL Kokosöl | 120 ml lauwarmes Wasser | 50 ml lauwarme Milch | etwas Kräutersalz | Butter zum Einfetten der Backform (ca. 25 × 12 cm)

1. Das Mehl mit der Trockenhefe und dem Rohrzucker in eine Schüssel geben und vermischen.
2. Das Kokosöl, das Wasser und die Milch dazugeben und gut verkneten. Den Teig mit einem Küchentuch bedecken und für 1 Stunde gehen lassen.
3. Den Teig auf eine leicht bemehlte Arbeitsfläche geben und ein weiteres Mal durchkneten. In die gebutterte Backform geben und für weitere 20 Minuten quellen lassen.
4. Backofen auf 200 °C Ober- und Unterhitze (oder 180 °C Umluft) vorheizen. Im Backofen für 25 Minuten backen.
5. Das Toastbrot aus dem Ofen nehmen und für 10 Minuten in der Form auskühlen lassen. Dann erst aus der Form stürzen.

Kornbrötchen

einfach | 20 Minuten | 1,5 Stunden | 10 Stück

Zutaten

900 g Mehl | 1 Päckchen Trockenhefe | 2 TL Rohrzucker | 1 TL gemahlener Kreuzkümmel | 1 TL gemahlener Koriander | ½ TL gemahlene Fenchelsamen | 1 TL Kräutersalz | 100 g gehackte Sonnenblumenkerne | 1 EL geschrotete Leinsamen | 150 g Sauerteig | 750 ml lauwarmes Wasser

1. Das Mehl mit der Trockenhefe, dem Rohrzucker, dem Kreuzkümmel, dem Koriander, den Fenchelsamen und dem Kräutersalz in eine Schüssel geben und alles gut vermischen.
2. Für den Sauerteig 450 g der Mehlmischung und 500 ml Wasser in eine Schüssel geben und gut verrühren. Für 10 Minuten ruhen lassen.
3. Mit dem restlichen Mehl, den übrigen Zutaten und dem restlichen Wasser verkneten. Der Teig sollte klebrig sein. Mit einem Tuch bedecken und für 1 Stunde an einem warmen Ort gehen lassen.
4. Den Teig auf eine mit reichlich Mehl bestäubte Arbeitsfläche geben und in 10 gleich große Stücke schneiden. Die Teiglinge im Mehl wälzen und etwas flach drücken.
5. Die Brötchen auf ein mit Backpapier ausgelegtes Backblech legen und für 15 Minuten ruhen lassen.
6. Backofen auf 200 °C Ober- und Unterhitze (oder 180 °C Umluft) vorheizen. Auf mittlerer Schiene für 25 Minuten backen.

Tipps und Tricks

Die 900 g Mehl können Sie auch so aufteilen für mehr Abwechslung: 500 g Dinkelvollkornmehl, 300 g Weizen-Universalmehl, 100 g Mandelmehl.

Sauerteig können Sie selbst ansetzen oder in jedem Reformhaus kaufen.

PISTAZIENAUFSTRICH

einfach | 10 Minuten | 10 Minuten | 1 Schraubglas (ca. 300 ml)

Zutaten

½ Tüte geröstete Pistazien
½ Zehe Knoblauch
3 kleine Kirschtomaten
½ EL Olivenöl
½ EL Butter
1 Prise Kräutersalz

1. Pistazien, Knoblauch, Kirschtomaten, Olivenöl und Butter in eine Schüssel geben und mit dem Stabmixer pürieren.
2. Mit Kräutersalz abschmecken.

TIPPS UND TRICKS

Dieser herzhafte Pistazienaufstrich kann auch als Pesto zu Nudeln verwendet werden.

TOMATEN-MOZZARELLA-AUFSTRICH

einfach | 15 Minuten | 15 Minuten | 1 Schraubglas (ca. 300 ml)

Zutaten

3 Tomaten
1 Schalotte
1 EL frischer Basilikum
125 g Mozzarella
1 EL Olivenöl
etwas Kräutersalz und Pfeffer zum Abschmecken

1. Tomaten waschen, Strunk und die Kerne entfernen und würfelig schneiden. Schalotte und Mozzarella klein würfeln. Basilikum hacken.
2. Optional: Legen Sie zusätzlich 1 EL gehacktes Basilikum auf die Seite für die Dekoration beim Anrichten.
3. Tomaten, Schalotte, Basilikum, Mozzarella, Olivenöl in eine Schüssel geben und glatt pürieren.
4. Mit Kräutersalz und Pfeffer abschmecken.

TIPPS UND TRICKS

Brotaufstriche können sehr vielseitig verwendet werden. Sie schmecken nicht nur herrlich auf Brötchen, sondern auch zu Gemüsesticks, in Tramezzini oder als Dip.

Bärlauchaufstrich

einfach | 15 Minuten | 15 Minuten | 1 Schraubglas (ca. 300 ml)

Zutaten

200 g Frischkäse
2 EL Sahne
60 g Bärlauch
1 Spritzer Zitronensaft (optional)
etwas Kräutersalz und Pfeffer zum Abschmecken

1. Bärlauch waschen, trocken tupfen und klein hacken.
2. Bärlauch mit Frischkäse, Sahne und optional 1 Spritzer Zitronensaft mit einer Gabel in einer Schüssel vermischen.
3. Mit Kräutersalz und Pfeffer abschmecken.

Tipps und Tricks

Bärlauch darf selbst gepflückt werden (maximal ein Handstrauß für den persönlichen Gebrauch). Der beste Erntezeitraum ist im Frühjahr. Wenn Sie die Blätter zwischen den Fingern reiben und diese nach Knoblauch riechen, dann haben Sie das richtige Kräutlein erwischt.

Frischkäseaufstrich mit Radieschen und Schnittlauch

einfach | 15 Minuten | 10 Minuten | 1 Schraubglas (ca. 300 ml)

Zutaten

½ Bund Radieschen
1 Bund Schnittlauch
100 g Frischkäse
100 g Quark
1 Prise Kräutersalz

1. Radieschen in kleine Würfel schneiden oder raspeln. Schnittlauch in Röllchen schneiden.
2. Optional: Ein paar Radieschenstreifen und Schnittlauchröllchen zur Seite stellen zum Dekorieren beim Anrichten.
3. Frischkäse, Radieschen, Schnittlauch und Kräutersalz in eine Schüssel geben und mit einer Gabel gut vermischen.
4. Aufstrich für ca. 1 Stunde im Kühlschrank ziehen lassen.
5. Mit Radieschen und Schnittlauch garniert servieren.

Tipps und Tricks

Passt auch perfekt zu Gemüsesticks.

MÖHRENAUFSTRICH MIT FETA UND FRISCHKÄSE

einfach	10 Minuten	10 Minuten	Für ca. 200 g

Zutaten

100 g Möhren
100 g Fetakäse
100 g Frischkäse
½ EL Petersilie
½ EL Rosmarin
etwas Kräutersalz und Pfeffer zum Abschmecken

1. Möhren waschen, schälen und raspeln. Feta zerbröseln. Petersilie und Rosmarin waschen, trocken tupfen und klein hacken.
2. Möhren, Feta, Frischkäse, Kräuter in eine Schüssel geben und pürieren.
3. Mit Salz und Pfeffer abschmecken.

TIPPS UND TRICKS

Mit den frischen Kräutern können Sie nach Belieben variieren. Der Aufstrich ist im Kühlschrank ca. 5 Tage haltbar.

Konfitüre ohne Gelierzucker

einfach | 15 Minuten | Ca. 55 Minuten | 1 Schraubglas (ca. 500 ml)

Zutaten

180 g Erdbeeren
1 Apfel (70 g)
15 ml Zitronensaft
250 g Zucker

1. Erdbeeren waschen und trocken tupfen. Den Apfel waschen und entkernen. Obst in kleine Stücke schneiden
2. Obst, Zitronensaft und Zucker in einen großen Topf geben und vermischen.
3. Mischung unter häufigem Rühren langsam aufkochen. Mit einem Stabmixer pürieren und bis zur gewünschten Konsistenz zerkleinern.
4. Bei mittlerer Stufe unter leichtem Köcheln (ohne Deckel) die Konfitüre einkochen (ca. 45–90 Minuten). Ab und zu umrühren.
5. Mit dem Löffeltest erkennen Sie, ob die Konfitüre fertig ist: Einen Löffel kurz in die Konfitüre tunken und dann leicht schräg halten. Wenn die Fruchtmasse sehr langsam daran herunterläuft, ist die Konfitüre fertig.
6. Konfitüre in ein sauberes und warmes Schraubglas füllen und sofort mit dem Schraubdeckel verschließen.

Tipps und Tricks

Das Schraubglas sollte beim Befüllen warm sein, damit es nicht zerspringt. Einfach im Backofen bei 120 °C Umluft für ca. 15 Minuten vorwärmen.

Erdbeerkonfitüre schmeckt wunderbar fruchtig und nach Kindheit. Sie können aber auch jede andere Obstsorte oder Obstmischung verarbeiten.

Verwenden Sie nur reifes Obst.

Im Kühlschrank ist die geöffnete Konfitüre bis zu 1 Monat haltbar.

Diese Konfitüre schmeckt nicht nur auf Frühstücksbrötchen herrlich, sondern auch im Naturjoghurt.

THUNFISCH-ZITRONEN-AUFSTRICH

einfach | 15 Minuten | 15 Minuten | Für ca. 200 g

Zutaten

140 g Thunfisch in Lake (Dose)
1 TL Petersilie oder Zitronenmelisse
½ Bio-Zitrone
2 EL Mascarpone
½ TL Kapern (optional)
1 EL fein gemahlene Mandeln
1 Prise Pfeffer

1. Thunfisch gut abtropfen lassen. Petersilie oder Zitronenmelisse waschen, trocken tupfen und klein hacken. 1 EL Zitrone auspressen und ½ TL der Zitronenschale abreiben.
2. Thunfisch, Petersilie oder Zitronenmelisse, Zitronensaft, Zitronenschale, Mascarpone und optional Kapern in eine Schüssel geben und pürieren. Mandeln untermischen und mit Pfeffer abschmecken.

TIPPS UND TRICKS

Der Thunfisch-Aufstrich hält im Kühlschrank ca. 4 Tage.

DATTELCREME

einfach | 15 Minuten | 15 Minuten | 1 Schraubglas (ca. 300 ml)

Zutaten

50 g entsteinte Datteln
¼ Bund Frühlingszwiebeln
½ Becher Schmand
100 g Frischkäse
1 Prise Salz

1. Datteln und Frühlingszwiebeln klein schneiden oder mit dem Stabmixer grob pürieren.
2. Schmand und Frischkäse dazumischen und mit einer Prise Salz abschmecken.

TIPPS UND TRICKS

Die Dattelcreme ist eine leckere Alternative zu Konfitüre.

ROBOTER MIT WURST UND GEMÜSE

einfach | 5 Minuten | 5 Minuten | 1 Roboter

Zutaten

buntes Gemüse, z. B. 3 Kirschtomaten, 1 dicke Gurkenscheibe, 1 Olive
2 Scheiben Wurst
2 Scheiben Käse

1. Alle Zutaten in kleine Würfel und Scheiben schneiden.
2. Auf dem Teller alles lustig zu einem Roboter anordnen.

TIPPS UND TRICKS

Der Trick bei der lustig arrangierten Form ist, dass Kinder definitiv mehr Obst und Gemüse essen, als sie es tun würden, wenn sie einen leeren Teller und eine große Schüssel für alle vor sich hätten.

Variieren Sie mit dem Gemüse nach Saison, Farbe und Geschmack Ihres Kindes. Probieren Sie immer wieder Neues aus und seien Sie gemeinsam kreativ bei den Motiven. So bekommen Kinder Lust auf für sie vielleicht neue Gemüsesorten.

EIERMUFFINS MIT SPECK

einfach | 10 Minuten | 25 Minuten | 26 Muffins

Zutaten

12 dünne Scheiben Speck
6 Eier
6 EL Joghurt
1 fein gewürfelte rote Paprika
1 EL gehackte Petersilie
Kräutersalz
Butter zum Einfetten der Muffinformen

1. Backofen auf 200 °C Ober- und Unterhitze (oder 180 °C Umluft) vorheizen.
2. Je 2 Speckscheiben in eine Muffinform über Kreuz legen.
3. Die Eier mit dem Joghurt, den Paprikawürfeln, der Petersilie und Kräutersalz in einer Schüssel leicht schaumig rühren.
4. Die Mischung in die Muffinformen gießen. Mit dem überstehenden Speck bedecken.
5. Die Formen auf das Ofengitter stellen und auf mittlerer Schiene für 12 Minuten backen. Aus dem Ofen nehmen und vorsichtig aus den Formen gleiten lassen.

TIPPS UND TRICKS

Die Eiermuffins können auch ohne Speck zubereitet werden.

Anstelle von Speck können Sie klein geschnittenes Gemüse nach Lust und Laune dazugeben.

Die Eiermuffins können ca. 3 Tage im Kühlschrank aufbewahrt werden. Vor dem Verzehr kurz aufwärmen, und fertig ist ein leckerer Snack für Zwischendurch.

HAUSGEMACHTER MAC MUFFIN

einfach | 10 Minuten | 10 Minuten | 2 Portionen

Zutaten

2 EL Butter
2 Eier
2 Toasty-Brötchen (oder 4 Vollkorntoastscheiben)
2 Scheiben Käse
2 Scheiben Geflügelschinken
2 Salatblätter

1. Eine Pfanne erhitzen und etwas Butter darin aufschäumen lassen.
2. Die Eier in 2 Eierbratringe mit ca. 10 cm Durchmesser schlagen.
3. Nach 90 Sekunden die Eier wenden und für weiter 90 Sekunden braten.
4. Die Toasty-Brötchen toasten und mit etwas Butter bestreichen.
5. 2 Brötchenhälften mit Käse und Schinken belegen, die Eier daraufsetzen, mit den Salatblättern ergänzen und mit den übrigen 2 Brötchenhälften bedecken.

TIPPS UND TRICKS

Toasty-Brötchen gibt es in vielen Supermärkten. Sie sind eine Mischung aus Toast und Burger-Brot. Eierbratringe gibt es ebenfalls im Supermarkt zu kaufen.

Blätterteigtaschen mit Schinken und Käse

einfach | 15 Minuten | 25 Minuten | 6 Portionen

Zutaten

1 Packung Blätterteig (ca. 270 g, aus dem Kühlregal)
6 TL Frischkäse
180 g klein gewürfelter Schinken
180 g geriebener Emmentaler
1 Ei
6 TL Sesamsamen

1. Backofen auf 220 °C Ober- und Unterhitze (oder 200 °C Umluft) vorheizen.
2. Den Blätterteig in 6 Stücke schneiden. In die Mitte den Frischkäse platzieren. Den Schinken mit dem Emmentaler vermischen und auf den Frischkäse geben. Darauf achten, dass mindestens 1,5 cm Rand des Teiges frei bleiben.
3. Das Ei verquirlen und die Ränder des Teiges damit einstreichen. Teig zu einem Dreieck zusammenklappen und den Rand festdrücken.
4. Auf ein mit Backpapier ausgelegtes Backblech legen. Mit dem Ei einpinseln und mit dem Sesam bestreuen.
5. Auf mittlerer Schiene für 10–12 Minuten goldbraun backen.

LUSTIGES PIRATEN-SPIEGELEI MIT SCHINKEN UND GEMÜSE

einfach

5 Minuten

15 Minuten

1 Gesicht (1 Portion)

Zutaten

1 TL Butter

1 Ei

1 Scheibe Schinken

1 Streifen Möhre

1 Scheibe Zucchini

1 Heidelbeere

2 Streifen Paprika

1. Die Butter in einer Pfanne erhitzen.
2. Das Ei in die Pfanne schlagen und bei mittlerer Hitze braten, bis es zu einem Spiegelei gestockt ist.
3. Mit dem Schinken die Piratenkappe, mit der Möhre das Augenklappenband, mit Zucchini und Heidelbeere das Auge, mit der Paprika Nase und Mund kreieren, und fertig ist der lustige Pirat.

SCHINKENMUFFINS

einfach | 10 Minuten | 30 Minuten | 4 Stück

Zutaten

2 Eier
100 g Frischkäse
60 g Mehl
½ TL Weinstein-Backpulver
etwas Kräutersalz
60 g würfelig geschnittener Schinken
2 EL gehackte Petersilie
Butter zum Einfetten der Muffinformen

1. Backofen auf 170 °C Ober- und Unterhitze (oder 150 °C Umluft) vorheizen.
2. Die Eier trennen, das Eiweiß schaumig schlagen und zur Seite stellen.
3. Die Eigelbe mit dem Frischkäse verrühren. Mehl, Weinstein-Backpulver, Kräutersalz, Schinken und Petersilie ebenfalls dazurühren.
4. Den Eischnee vorsichtig unterheben.
5. Mischung in die gebutterten Muffinformen füllen und auf mittlerer Schiene für 12 Minuten backen. Aus dem Ofen nehmen und vorsichtig aus der Form stürzen.

TIPPS UND TRICKS

Die Muffins schmecken warm und kalt. Ausgekühlt lassen sie sich auch wunderbar einfrieren.

MÜSLI IM GLAS

einfach | 10 Minuten | 10 Minuten | 1 Glas

Zutaten

200 g Naturjoghurt | 1 EL Honig | 3 EL Müsli (mit Trockenobst) | 2 EL Beeren (Himbeeren und Heidelbeeren) |
Naturjoghurt mit dem Honig verrühren.

1. In das Glas ca. die Hälfte des Joghurts füllen, dann das Müsli und danach den restlichen Joghurt darüber schichten.
2. Zum Abschluss die Beeren darauf geben und servieren.

HAFERBREI MIT BANANEN UND NÜSSEN

einfach | 15 Minuten | 20 Minuten | 2 Portionen

Zutaten

30 g Haferflocken | 150 ml Milch | 2 EL Honig | ½ TL gemahlener Zimt | 2 EL gehackte geröstete Walnüsse | 2 EL gehackte geröstete Mandeln | ½ Banane

1. Die Haferflocken in einen kleinen Topf geben und langsam erhitzen. Haferflocken leicht anrösten und mit der Milch aufgießen.
2. Mit 1 EL Honig und dem Zimt würzen.
3. Die Haferflocken einmal aufkochen lassen und vom Herd nehmen. Etwas auskühlen lassen und in 2 Schalen füllen.
4. Die Banane schälen und in Scheiben schneiden. Den Haferbrei mit den Nüssen und den Bananenscheiben verfeinern. Den restlichen Honig darüber laufen lassen.

PIKANTER MILCHREIS MIT GERIEBENEN MÖHREN

mittel | 10 Minuten | 35 Minuten | 2 Portionen

Zutaten

¼ Möhre
80 g Milchreis
350 ml Mandelmilch
etwas Kräutersalz
1 Prise Muskatnuss
20 g geriebener Käse
Obst zum Dekorieren (optional)

1. Die Möhre schälen und grob raspeln.
2. Den Milchreis mit der Mandelmilch, dem Kräutersalz, der Muskatnuss und der geraspelten Möhre in einen Topf geben.
3. Aufkochen lassen, die Hitze reduzieren und mit geschlossenem Deckel für etwa 15 Minuten weiter garen. Ab und an umrühren.
4. Den Reis vom Herd nehmen, den Käse einrühren und mit geschlossenem Deckel für weitere 10 Minuten ziehen lassen.
5. Optional mit Obst dekorieren.

TIPPS UND TRICKS

Sie können den pikanten Milchreis immer wieder mit anderem Gemüse verfeinern. Erbsen und Zuckerschoten sind ebenfalls sehr beliebt.

Frühstücks-Tramezzinirolle

einfach | 10 Minuten | 15 Minuten | 2 Portionen

Zutaten

2 Scheiben Tramezzini
2 TL Frischkäse
40 g Zucchini
2 Scheiben Tomaten
2 Scheiben Käse
1 EL Butter

1. Die Tramezzini mit einem Nudelholz dünn ausrollen.
2. Mit dem Frischkäse bestreichen.
3. Die Zucchini in feine Scheiben schneiden und auf dem Frischkäse leicht überlappend verteilen. Die Tomatenscheiben halbieren und ebenfalls verteilen.
4. Mit dem Käse belegen und einrollen.
5. Die Butter in einer Pfanne erhitzen und die Tramezzini bei mittlerer Hitze darin rundherum goldbraun braten, bis der Käse schmilzt.

GEFÜLLTE TOMATEN MIT FRISCHKÄSE UND DATTELN

einfach | 20 Minuten | 20 Minuten | 2 Portionen

Zutaten

8 Kirschtomaten | 2 entsteinte getrocknete Datteln | 2 EL Frischkäse | Kräutersalz | 1 Spitzer Zitronensaft | 2 Brötchen | Butter (optional)

1. Die Tomaten waschen und trocken tupfen.
2. Tomatendeckel vorsichtig abschneiden und mit einem kleinen Kugelausstecher die Tomaten aushöhlen.
3. Die Datteln fein hacken und mit dem Frischkäse, dem Kräutersalz und dem Zitronensaft verrühren.
4. In die Tomaten füllen und Tomatendeckel wieder daraufsetzen.
5. Brötchen optional mit Butter bestreichen und dazu servieren.

TIPPS UND TRICKS

Die Tomaten lassen sich wunderbar bereits am Vorabend zubereiten.

AVOCADO-SANDWICH

einfach | 10 Minuten | 10 Minuten | 2 Portionen

Zutaten

4 Scheiben Vollkorntoast
¼ Avocado
1 Spritzer Zitronensaft
1 EL Sojajoghurt
Kräutersalz
1 Banane

1. Den Vollkorntoast toasten.
2. Die Avocado mit einer Gabel leicht zerdrücken und mit Zitronensaft, dem Sojajoghurt und Kräutersalz abschmecken.
3. Die Avocadocreme auf zwei Scheiben Toast verstreichen.
4. Die Banane schälen, in dünne Scheiben schneiden und auf der Avocado verteilen.
5. Jeweils mit der zweiten Toastscheiben bedecken und in kleine Dreiecke schneiden.

TIPPS UND TRICKS

Anstatt der Bananen können Sie sämtliche anderen Früchte wie zum Beispiel Ananas, Mango, Erdbeeren oder Nektarinen verwenden.

RÜHRTOFU MIT TOMATEN

einfach | 10 Minuten | 10 Minuten | 2 Portionen

Zutaten

180 g Tofu
1 TL Kokosöl
3 EL Sojajoghurt
1 Messerspitze Kurkuma
1 kleine Prise schwarzer Pfeffer
1 EL Hefeflocken
1 Prise Kräutersalz
2 Tomaten

1. Den Tofu trocken tupfen und fein zerbröseln.
2. Das Kokosöl in einer Pfanne erhitzen und den Tofu darin anbraten.
3. Den Sojajoghurt mit dem Kurkuma, dem Pfeffer, den Hefeflocken und einer guten Prise Salz in einer Schüssel verrühren.
4. Den Joghurt über den Tofu gießen und verrühren.
5. Die Tomaten waschen, trocken tupfen und in kleine Würfel schneiden.
6. Tomaten dazugeben und für weitere 3 Minuten braten.

TIPPS UND TRICKS

Natürlich können Sie das Rührei auch immer wieder mit anderem Gemüse abwandeln. Sehr köstlich schmeckt es außerdem mit frischen Kräutern aus dem eigenen Garten.

PANCAKES MIT FRÜCHTEN

einfach | 15 Minuten | 15 Minuten | 2 Portionen

Zutaten

1 reife Banane
100 ml Kokosmilch
100 g Mehl
½ TL Weinstein-Backpulver
1 EL Rohrzucker
Butter zum Braten
2 EL Himbeeren
2 EL Heidelbeeren
½ Banane
1 Kiwi

1. Die Banane schälen, mit der Kokosmilch in ein hohes Gefäß geben und mit einem Stabmixer fein pürieren.
2. Das Mehl mit dem Weinstein-Backpulver und dem Rohrzucker dazugeben und verrühren.
3. Die Butter in einer Pfanne erhitzen.
4. Aus der Masse jeweils die Menge für kleine Pancakes entnehmen und bei mittlerer Hitze für 1 Minute je Seite braten.
5. Die Beeren waschen und trocken tupfen. Die halbe Banane in Scheiben schneiden. Die Kiwi schälen und in Scheiben schneiden.
6. Die Pancakes mit den Früchten anrichten.

TIPPS UND TRICKS

Bei Bedarf die Pancakes mit etwas veganem Honig aus Löwenzahn oder mit Ahornsirup verfeinern.

PIKANTER GRIESSBREI

einfach | 15 Minuten | 20 Minuten | 2 Portionen

Zutaten

50 g Hokkaido-Kürbis
1 TL Butter
180 ml Mandelmilch
30 g Weichweizengrieß
Kräutersalz
etwas Pfeffer
1 Prise Muskatnuss
2 EL geröstete Sonnenblumenkerne

1. Den Kürbis in kleine Würfel schneiden.
2. Die Butter in einem Topf erhitzen und den Kürbis darin anschwitzen.
3. Mit der Mandelmilch aufgießen und aufkochen lassen.
4. Den Weichweizengrieß mit in den Topf geben und unter ständigem Rühren für 5 Minuten kochen lassen.
5. Mit Kräutersalz, Pfeffer und Muskatnuss würzen. Vom Herd nehmen und für weitere 5 Minuten ziehen lassen.
6. In 2 Schalen anrichten und mit den Sonnenblumenkernen bestreuen.

SÜSSE GRIESSBREI-EULE MIT FRÜCHTEN

einfach | 15 Minuten | 15 Minuten | 2 Portionen

Zutaten

25 g Weichweizengrieß
1 EL Rohrzucker
200 ml Hafermilch
½ TL gemahlener Zimt
1 Messerspitze Vanillepulver
½ Mango
½ Banane
4 Heidelbeeren
6 Mandeln

1. Den Weichweizengrieß mit dem Rohrzucker, der Hafermilch, dem Zimt und dem Vanillezucker in einen kleinen Topf geben und langsam erhitzen.
2. Unter ständigem Rühren für 5 Minuten kochen. Vom Herd nehmen, in 2 Schälchen füllen und etwas auskühlen lassen.
3. Mango und Banane schälen und in die gewünschten Formen schneiden, um eine Eule zu kreieren.
4. Den Grießbrei mit den Früchten lustig garnieren: Bananenstücke für Augen und Körper, Mango für Flügel und Augenbrauen, Heidelbeeren für die Augen, Mandeln für Schnabel und Füße.

Bunte Joghurt-Bowl

einfach | 10 Minuten | 10 Minuten | 2 Portionen

Zutaten

250 g Kokosjoghurt
3 Erdbeeren
1 EL Rohrzucker
1 Spritzer Limettensaft
1 Kiwi
50 g Papaya
½ Banane
2 TL Chiasamen
2 TL gehobelte Mandeln

1. Den Kokosjoghurt mit den geputzten und gewaschenen Erdbeeren, dem Rohrzucker und Limettensaft in einen Mixer geben und pürieren. Den Joghurt in 2 Schalen füllen.
2. Die Kiwi schälen und in Halbmondscheiben schneiden. Die Papaya in 1 cm große Würfel schneiden. Die Banane in Scheiben schneiden.
3. Den Erdbeer-Kokos-Joghurt mit den Früchten, den Chiasamen und den Mandeln bunt garnieren.

Tipps und Tricks

Sie können hier immer wieder zu anderen Früchten, Nüssen und Samen greifen und die Bowl so richtig farbenfroh gestalten.

LEBKUCHEN-BISKUITS

einfach | 15 Minuten | 25 Minuten | 2 Portionen

Zutaten

1 Ei | 1 Eigelb | 1 Prise Salz | 1 EL Milch | 1 EL Honig | 2 EL Mehl | 1 Messerspitze Lebkuchengewürz

1. Den Backofen auf 200 °C Ober- und Unterhitze (oder 180 °C Umluft) vorheizen.
2. Das Ei trennen und das Eiweiß mit dem Salz steif schlagen.
3. Die Eigelb mit der Milch und dem Honig verrühren.
4. Das Mehl und das Lebkuchengewürz zur Dottermasse geben und verrühren.
5. Den Eischnee vorsichtig unterheben.
6. Die Masse in einen Spritzbeutel füllen und auf ein mit Backpapier ausgelegtes Backblech 8 cm lange Streifen spritzen.
7. Das Blech in den Ofen schieben und auf mittlerer Schiene für 8 Minuten backen.
8. Aus dem Ofen nehmen und entweder gleich warm oder später kalt verspeisen.

TIPPS UND TRICKS

Diese Biskuits sind auch ein großartiges Frühstück für unterwegs oder ein super Snack für zwischendurch.

ERDNUSSBUTTER-TOAST MIT BANANE

einfach | 5 Minuten | 5 Minuten | 2 Portionen

Zutaten

2 Scheiben Vollkorntoast
2 EL Erdnussbutter (Zimmertemperatur)
1 Banane
2 EL Himbeerkonfitüre (optional)

1. Die Toastscheiben toasten und mit der Erdnussbutter bestreichen.
2. Die Banane schälen und in Scheiben schneiden.
3. Die Bananenscheiben auf der Erdnussbutter verteilen und optional mit der Himbeerkonfitüre bestreichen.

TIPPS UND TRICKS

Erdnussbutter lässt sich aus Erdnüssen in einem guten Hochleistungsmixer auch rasch selbst herstellen. Sie brauchen dafür lediglich Erdnüsse und optional Gewürze, um die Erdnussbutter süß oder pikant abzuschmecken.

WARMER SÜSSER PORRIDGE – »OVER-NIGHT-OATS«

einfach | 10 Minuten | 8 Stunden | 2 Portionen

Zutaten

¼ Apfel
¼ Banane
4 EL Haferflocken
250 ml Milch
½ TL gemahlener Zimt
1 EL Honig
2 Erdbeeren

1. Den Apfel schälen, entkernen und raspeln.
2. Die Banane schälen und in kleine halbe Scheiben schneiden.
3. Die Haferflocken mit der Milch, dem Apfel, der Banane, Zimt und Honig in eine Schüssel geben und vermischen.
4. Mit Folie abdecken und über Nacht in den Kühlschrank stellen.
5. Den Porridge in der Früh aufwärmen und in 2 Schälchen füllen.
6. Die gewaschenen Erdbeeren halbieren und den Porridge damit garnieren.

TIPPS UND TRICKS

Wenn Sie die Flocken nicht über Nacht ziehen lassen wollen, können Sie den Porridge auch kurz aufkochen und warm oder kalt genießen.

TRINKMÜSLI MIT FRÜCHTEN

einfach | 10 Minuten | 10 Minuten | 2 Portionen

Zutaten

100 g Erdbeeren
100 g Himbeeren
100 g Magerquark
200 ml Milch
1 TL Rohrzucker
½ TL Zitronensaft
4 EL Haferflocken

1. Erdbeeren und Himbeeren waschen.
2. Die Erdbeeren mit den Himbeeren, dem Magerquark, der Milch, dem Rohrzucker, dem Zitronensaft und den Haferflocken in einen Standmixer geben und sehr fein pürieren.
3. In zwei Gläser füllen und gleich genießen.

TIPPS UND TRICKS

Dieses Trinkfrühstück ist auch ideal für Frühstücksmuffel. In eine Flasche gefüllt, lässt sich das Trinkmüsli wunderbar mit in die Schule oder den Kindergarten nehmen.

Sie können dafür immer wieder andere Früchte verwenden und neue Geschmacksrichtungen kreieren.

Zudem können Sie Pflanzenmilch, Sojajoghurt, Kefir, Buttermilch oder andere Milch- und Milchersatzprodukte verwenden.

MITTAGESSEN

Treten Sie ein in die abwechslungsreiche Welt der Zutaten. Suppen, Salate, Fleisch, Fisch, vegan und vegetarisch, alles ist möglich. Auch gibt es großartige Speisen für Sie, wenn es einmal ein süßes Hauptgericht sein soll. Aus den Rezepten können Sie sich Ihr persönliches Lieblingsmenü zusammenstellen.

Gemüsebrühe

Hinweis

Bei den Basisrezepten finden Sie die Gewürzpaste. Für die Herstellung von 500 ml Gemüsebrühe verrühren Sie 1 TL Gewürzpaste und 500 ml heißes Wasser.

Tipps und Tricks

Suppen lassen sich schnell zaubern und sind eine großartige Mahlzeit, die nicht nur gut schmeckt, sondern auch Körper, Geist und Seele guttut. Wer krank ist, fühlt sich mit einer Suppe gleich besser, und selbst wenn der Tag einmal etwas dumm gelaufen ist, kann eine warme, cremige Suppe ein super Seelentröster sein.

SUPPE MIT BUNTEN PFANNKUCHENSTREIFEN

einfach | 35 Minuten | 35 Minuten | 2 Portionen

Zutaten

2 Eier
120 ml Milch
1 Messerspitze Kräutersalz
2 EL Mehl
½ TL Rote-Bete-Pulver
½ TL Spinatpulver
Kokosöl zum Braten
500 ml Gemüsebrühe
2 TL Schnittlauchringe

1. Die Eier mit der Milch, dem Kräutersalz und dem Mehl in eine Schüssel geben und gut verrühren.
2. Ein Drittel des Teiges in eine Schüssel füllen und mit dem Rote-Bete-Pulver verrühren.
3. Ein Drittel des Teiges in eine Schüssel füllen und mit dem Spinatpulver verrühren.
4. Eine Pfanne mit etwas Kokosöl erhitzen und einen Pfannkuchen (ohne Spinat- oder Rote-Bete-Pulver) backen.
5. Danach aus den anderen Teigen einen grünen Spinatpfannkuchen und einen Rote-Bete-Pfannkuchen backen.
6. Die Pfannkuchen übereinanderlegen, einrollen und in 3-mm-Scheiben schneiden.
7. Diese Pfannkuchenstreifen auf 2 tiefe Teller aufteilen.
8. Die Gemüsebrühe erhitzen und in die Suppenteller gießen.
9. Mit dem Schnittlauch bestreuen.

Möhrensuppe mit Griessklösschen

einfach | 15 Minuten | 40 Minuten | 2 Portionen

Zutaten

80 g Vollkorngrieß | 160 ml Sojamilch | 2 EL Hefeflocken | Kräutersalz | 1 Schalotte | 200 g Möhren | 1 EL Kokosöl | 2 EL Orangensaft | 400 ml Gemüsebrühe | 100 ml Sahne | Käutersalz | 1 Prise Muskatnuss | 1 Prise Nelkenpulver | etwas Orangenabrieb (Bio-Orange)

1. Den Vollkorngrieß mit der Sojamilch, den Hefeflocken und dem Kräutersalz in einen kleinen Topf geben und langsam unter ständigem Rühren erhitzen.
2. Die Masse aus dem Topf in eine Schüssel geben und auskühlen lassen.
3. Mit 2 Teelöffeln (oder mit etwas feuchten Händen) aus der Masse Klößchen formen.
4. Die Schalotte schälen und fein hacken. Die Möhren schälen und in kleine Stücke schneiden.
5. Das Kokosöl in einem Topf erhitzen lassen. Die Schalotten mit den Möhren für 3 Minuten andünsten.
6. Mit dem Orangesaft ablöschen und mit der Gemüsebrühe aufgießen. Mit Kräutersalz, Muskatnuss und Nelkenpulver würzen.
7. Alles bei mittlerer Hitze für etwa 15 Minuten köcheln lassen.
8. Mit der Sahne auffüllen und mit einem Stabmixer fein pürieren.
9. Die Grießklößchen in die Suppe legen und für 5 Minuten bei geringer Hitze ziehen lassen.
10. Zum Anrichten etwas Orangenabrieb darüberreiben.

Tomatensuppe mit Reis

einfach | 15 Minuten | 35 Minuten | 2 Portionen

Zutaten

½ rote Zwiebel | 1 Zehe Knoblauch | 1 EL Olivenöl | 1 TL Tomatenmark | 300 g stückige Tomaten | 250 ml Gemüsebrühe | 50 g Reis | Kräutersalz | ½ TL getrockneter Oregano | 1 Messerspitze Rohrzucker | 2 TL geriebener Parmesan zum Bestreuen

1. Die Zwiebel und den Knoblauch schälen und fein hacken.
2. Das Olivenöl in einem Topf erhitzen. Die Zwiebel mit dem Knoblauch darin hell anschwitzen.
3. Das Tomatenmark dazugeben und kurz mit anbraten.
4. Mit den Tomaten und der Gemüsebrühe aufgießen.
5. Den Reis dazugeben und den Topf mit einem Deckel zudecken. Bei mittlerer Hitze für 15 Minuten kochen lassen.
6. Mit dem Kräutersalz, dem Oregano und dem Rohrzucker abschmecken. Für 5 Minuten ohne Hitze ziehen lassen.
7. Zum Anrichten mit dem Parmesan bestreuen.

Kartoffelsuppe mit knusprigen Croutons

einfach | 15 Minuten | 40 Minuten | 2 Portionen

Zutaten

1 Schalotte | 200 g Kartoffeln | 30 g Sellerie | 2 EL Butter | 500 ml Gemüsebrühe | 1 Lorbeerblatt | Kräutersalz | etwas weißer Pfeffer | 1 Prise Muskatnuss | ½ TL Rosmarin, fein gehackt | 3 Scheiben Vollkorntoast | 2 EL Schmand (optional) | 2 TL gehackte Petersilie zum Bestreuen

1. Die Schalotte schälen und klein schneiden. Die Kartoffeln und den Sellerie schälen und in 1 cm große Stücke schneiden.
2. Etwas Butter in einem Topf erhitzen und die Schalotte darin hell andünsten lassen.
3. Die Kartoffeln und den Sellerie dazugeben. Für 3 Minuten mit braten und mit der Gemüsebrühe aufgießen.
4. Mit dem Lorbeerblatt, dem Kräutersalz, dem Pfeffer, der Muskatnuss und dem Rosmarin würzen.
5. Den Topf mit einem Deckel verschließen und alles bei mittlerer Hitze für etwa 20 Minuten kochen lassen.
6. Das Toastbrot in 1 cm große Würfel schneiden. Die restliche Butter in einer Pfanne aufschäumen und die Toastwürfel darin knusprig rundherum anbraten.
7. Die Kartoffelsuppe mit einem Stabmixer fein pürieren.
8. Die Suppe in 2 Suppenschalen anrichten. Den Schmand optional in der Mitte platzieren, mit reichlich Croutons und der Petersilie bestreuen.

Tipps und Tricks

Wenn Ihnen der Schmand zu fettig ist, können Sie ihn auch durch saure Sahne ersetzen oder ganz weglassen.

MINESTRONE MIT FLEISCHBÄLLCHEN

mittel | 15 Minuten | 35 Minuten | 2 Portionen

Zutaten

150 g Hackfleisch | ½ TL getrockneter Oregano | 1 Zucchini | 50 g Blumenkohl | 50 g Brokkoli | 1 TL Olivenöl | 1 TL Tomatenmark | 500 ml Gemüsebrühe | 50 g Mini-Penne | 1 TL getrocknete italienische Kräuter | Kräutersalz | 1 Messerspitze Rohrzucker | 6 Kirschtomaten

1. Den Backofen auf 200 °C Ober- und Unterhitze (oder 180 °C Umluft) vorheizen.
2. Das Hackfleisch mit dem Oregano in einer Schüssel vermischen.
3. Ein Blech mit Backpapier auslegen. Mit feuchten Händen das Mett zu 3 cm großen Kugeln formen und auf das Backblech legen.
4. Auf mittlerer Schiene im Ofen für etwa 10 Minuten garen.
5. Die Zucchini waschen, trocken tupfen, der Länge nach halbieren und in 5 mm dicke Scheiben schneiden. Den Blumenkohl und den Brokkoli in kleine Röschen schneiden.
6. Das Olivenöl in einem Topf erhitzen und die Zucchini mit dem Blumenkohl, dem Brokkoli und dem Tomatenmark darin anbraten.
7. Mit der Gemüsebrühe aufgießen und aufkochen lassen.
8. Die Mini-Penne dazugeben und mit den italienischen Kräutern, dem Kräutersalz und dem Rohrzucker würzen. Für 5 Minuten kochen lassen.
9. Die Tomaten waschen, halbieren und mit in die Suppe geben. Für weitere 2 Minuten köcheln lassen.
10. Die Suppe in 2 Suppentellern anrichten und die Fleischbällchen in die Minestrone legen.

MAISCREMESUPPE MIT POPCORN

einfach | 10 Minuten | 20 Minuten | 2 Portionen

Zutaten

1 Schalotte | 1 Zehe Knoblauch | 1 TL Butter | 250 g Mais | 400 ml Gemüsebrühe | Kräutersalz | ½ TL Thymian | 1 Handvoll Popcorn

1. Die Schalotte und den Knoblauch schälen und fein hacken.
2. Die Butter in einem Topf erhitzen und die Schalotte mit dem Knoblauch darin hell anschwitzen.
3. Den abgetropften Mais dazugeben und mit der Gemüsebrühe aufgießen. Für 10 Minuten bei mittlerer Hitze köcheln lassen.
4. Die Maissuppe mit einem Stabmixer fein pürieren.
5. Mit dem Kräutersalz und dem Thymian abschmecken.
6. Die Suppe anrichten und mit dem Popcorn bestreuen.

TIPPS UND TRICKS

Mit 1 TL saurer Sahne können Sie die Maiscremesuppe optional nach dem Pürieren noch verfeinern.

Erbsensuppe mit Würstchen

einfach | 15 Minuten | 20 Minuten | 2 Portionen

Zutaten

1 Schalotte | 1 Zehe Knoblauch | 1 TL Butter | 300 g TK-Erbsen | 400 ml Gemüsebrühe | 100 ml Sahne | Kräutersalz | 2 Wiener Würstchen

1. Die Schalotte und den Knoblauch schälen und fein würfeln.
2. Die Butter in einem Topf aufschäumen lassen und die Schalotte mit dem Knoblauch darin hell anschwitzen.
3. Die Erbsen dazugeben und für 2–3 Minuten mit andünsten lassen.
4. Mit der Gemüsebrühe aufgießen und für 5 Minuten kochen.
5. Mit der Sahne verfeinern und mit Kräutersalz abschmecken.
6. Die Erbsensuppe mit einem Pürierstab fein mixen.
7. Die Wiener Würstchen abwaschen und in Scheiben schneiden. Mit in die Suppe geben und für weitere 3 Minuten darin ziehen lassen.
8. In 2 Tellern anrichten.

SALAT MIT PANIERTEN HÄHNCHENBRUST-STREIFEN

einfach | 35 Minuten | 55 Minuten | 2 Portionen

Zutaten

200 g Hühnerbrust ohne Haut | Kräutersalz | 2 Eier | 1 EL Joghurt | 3 EL Mehl | 100 g Paniermehl | 1 EL Kokosöl | 100 g Kopfsalat | 1 Orange | 100 g Tomaten | 2 EL saure Sahne | 1 EL selbst gemachtes Ketchup | 2 EL Apfelessig | 1 TL Gewürzpaste

1. Die Hühnerbrust waschen, trocken tupfen und in 2 cm große Stücke schneiden. Mit etwas Kräutersalz würzen.
2. Die Eier mit dem Joghurt verrühren.
3. Das Hühnchen im Mehl wälzen, durch die Eier ziehen und im Paniermehl wenden.
4. Die Hühnerstücke mit etwas Kokosöl bestreichen und in der auf 220 °C vorgeheizten Heißluftfritteuse für 18 Minuten backen. Nach der Hälfte der Zeit einmal wenden. Alternativ werden die Hühnchen auch im Backofen bei Umluft oder in der Fritteuse richtig gut knusprig.
5. Den Kopfsalat waschen, trocken schleudern und in mundgerechte Stücke zupfen.
6. Die Orange schälen und filetieren.
7. Die Tomaten waschen, trocken tupfen, den Strunk entfernen und in dünne Spalten schneiden.
8. Die saure Sahne mit dem Ketchup, dem Apfelessig und der Gewürzpaste in eine Schüssel geben und verrühren.
9. Den Kopfsalat mit der Orange und den Tomaten ins Dressing geben und durchmischen.
10. Auf 2 Tellern anrichten und mit den gebackenen und knusprigen Hühnchenstücken belegen.

SALAT MIT SELBST GEMACHTER MAYONNAISE UND GEMÜSE

mittel | 15 Minuten | 25 Minuten | 2 Portionen

Zutaten

400 g TK-Kaisergemüse (aufgetaut) | 1 l Gemüsebrühe | 100 g Joghurt | 1 Ei | 1 EL Senf | 1 EL Apfelessig | 1 TL Kräutersalz | 1 kleine Prise Pfeffer | 130 ml Rapsöl | 2 EL gehackte geröstete Nüsse

1. Das Kaisergemüse mit der Gemüsebrühe in einen Topf geben, erhitzen und für 8 Minuten kochen lassen.
2. Das Gemüse mit kaltem Wasser abschrecken, in eine Schüssel geben und auskühlen lassen.
3. Den Joghurt mit dem Ei, dem Senf, dem Apfelessig, dem Kräutersalz und dem Pfeffer in ein hohes Gefäß geben und mit einem Stabmixer gut vermischen. Beim Mixen das Rapsöl langsam einlaufen lassen, dabei den Stabmixer langsam hochziehen.
4. Die Joghurtmayonnaise zum Gemüse geben und vermischen.
5. Auf 2 Tellern anrichten und mit den Nüssen bestreuen.

TIPPS UND TRICKS

Sie könnten auch fertige Mayonnaise verwenden, auf diese Art zaubern Sie jedoch ebenso schnell köstliche Mayo selbst.

Anstatt Kaisergemüse können Sie, wenn es schnell gehen soll, auch Erbsen und Möhren aus dem Glas verwenden. Diese schmecken im Salat ebenfalls sehr lecker.

Alternativ können Sie mit diesem Salat leckere Sandwiches zubereiten, die alle Kinder wirklich gerne mögen.

COWBOY-SALAT

einfach | 10 Minuten | 20 Minuten | 2 Portionen

Zutaten

¼ Gurke | ¼ Möhre | 2 Tomaten | ¼ Avocado | 100 g Mais | 100 g Kidneybohnen | 50 g gekochte Linsen | 2 EL Olivenöl | 3 EL Essig | 2 EL grob gehackte Petersilie | Kräutersalz

1. Die Gurke in kleine Würfel schneiden. Die Möhre schälen und ebenfalls in feine Würfel schneiden. Die Tomaten waschen, trocken tupfen und in 5 mm kleine Würfel schneiden. Die Avocado schälen und in 1 cm große Würfel schneiden.
2. Alle Zutaten mit dem Mais, den Bohnen und den Linsen in eine Schüssel geben und gut vermischen.
3. Mit Essig, Olivenöl und Petersilie marinieren und für 10 Minuten durchziehen lassen.
4. Gegebenenfalls nochmal mit Kräutersalz abschmecken.

Knuspriger Brotsalat mit geröstetem Speck

einfach | 15 Minuten | 25 Minuten | 2 Portionen

Zutaten

100 g Vollkornbrot | 2 EL Olivenöl | 120 g Speck | 10 Kirschtomaten | 1 Römersalat | 2 EL Balsamicoessig | Kräutersalz | 2 EL geriebener Parmesan

1. Den Backofen auf 200 °C Ober- und Unterhitze (oder 180 °C Umluft) vorheizen.
2. Das Brot in 2 cm große Stücke schneiden und in eine Schüssel geben. Mit dem Olivenöl beträufeln und gut durchmischen. Die Brotwürfel auf ein mit Backpapier ausgelegtes Backblech legen und für etwa 8 Minuten im Ofen knusprig backen.
3. Den Speck in Streifen schneiden, in eine Pfanne geben und so lange ohne zusätzliches Fett braten, bis er schön knusprig ist. Die Tomaten waschen, trocknen und halbieren.
4. Den Römersalat in 1 cm lange Streifen schneiden, waschen und trocken schleudern.
5. Die Brotwürfel mit den Tomaten, dem Römersalat und dem Speck in eine Schüssel geben. Mit dem Balsamicoessig und dem Kräutersalz würzen. Zum Anrichten mit dem Parmesan bestreuen.

Rote Bete mit Erdbeeren

einfach | 10 Minuten | 10 Minuten | 2 Portionen

Zutaten

100 g gekochte Rote Bete | 250 g Erdbeeren | 3 EL Joghurt | 1 TL Orangensaft | 2 EL Kokosöl | Kräutersalz | 1 EL in Streifen geschnittene Minze (optional)

1. Die Rote Bete schälen und in kleine Würfel schneiden, dabei Einmalhandschuhe verwenden, denn das Gemüse färbt sehr stark ab.
2. Die Erdbeeren waschen, trocken tupfen und vierteln.
3. Den Joghurt mit dem Orangensaft, dem Kokosöl und etwas Kräutersalz in einer Schüssel verrühren.
4. Die Rote Bete und die Erdbeeren dazugeben, vermischen und für 5 Minuten durchziehen lassen.
5. Auf 2 Tellern anrichten und optional mit der Minze bestreuen.

Tipps und Tricks

Rote Bete ist meist bei Kindern eher unbeliebt. Nach diesem Salat sind aber alle ganz verrückt. Durch die Beeren verlieren die Rote Bete den erdigen Geschmack, und im Vordergrund bleibt die großartige Farbe.

MÖHRENSALAT MIT WALNÜSSEN

einfach | 15 Minuten | 20 Minuten | 2 Portionen

Zutaten

250 g Möhren | 1 Schalotte | 100 ml Orangesaft | 2 EL Zitronensaft | 1 EL Honig | 2 EL Olivenöl | Kräutersalz | 1 EL gehackte Petersilie | 100 g gehackte geröstete Walnüsse

1. Die Möhren schälen und grob raspeln. Die Schalotte schälen und in feine Würfel schneiden.
2. Die Möhren mit der Schalotte, dem Orangensaft, dem Zitronensaft, dem Honig, dem Olivenöl, dem Kräutersalz, der Petersilie und der Hälfte der Walnüsse in eine Schüssel geben und gut vermischen. Den Möhrensalat für 5 Minuten durchziehen lassen.
3. Zum Anrichten mit den restlichen Walnüssen bestreuen.

SPAGHETTI IN DER WURST

mittel | 20 Minuten | 30 Minuten | 2 Portionen

Zutaten

3 Wiener Würstchen | 120 g Spaghetti | 1 rote Zwiebel | 1 Zehe Knoblauch | 1 TL Olivenöl | 1 TL Tomatenmark | 250 g passierte Tomaten | 100 ml Gemüsebrühe | 1 TL Oregano | Kräutersalz | ½ TL Rohrzucker

1. Die Wiener Würstchen waschen, trocken tupfen und in 3 cm lange Stücke schneiden.
2. Die rohen Spaghetti durch die Wurststücke stecken. Sie sollen an beiden Seiten gleich lang aus der Wurst herausragen.
3. Die Zwiebel und den Knoblauch schälen und klein schneiden.
4. Das Olivenöl in einem flachen, breiten Topf erhitzen. Die Zwiebel mit dem Knoblauch und dem Tomatenmark darin anrösten.
5. Mit den passierten Tomaten und der Gemüsebrühe aufgießen und mit Oregano, Kräutersalz und Rohrzucker würzen.
6. Die Spaghetti-Würste vorsichtig hineinlegen. Den Topf mit einem Deckel verschließen und alles bei mittlerer Hitze für 10 Minuten garen.
7. Die Spaghetti in der Wurst vorsichtig aus der Pfanne nehmen und auf zwei 2 verteilen.
8. Die Tomatensoße mit einem Stabmixer pürieren und über die Spaghetti gießen.

PUTENROULADE MIT GRÜNEM SPARGEL

mittel | 20 Minuten | 30 Minuten | 2 Portionen (ohne Beilagen)

Zutaten

2 Putenschnitzel à 120 g | Kräutersalz | 2 EL Frischkäse | ½ TL Zitronensaft | 1 TL gehackte Petersilie | 6 Stangen grüner Spargel | 1 TL Kokosöl | 1 Zweig Thymian | 2 TL Kräuterbutter

1. Die Putenschnitzel plattieren und mit dem Kräutersalz würzen.
2. Den Frischkäse mit dem Zitronensaft und der Petersilie verrühren.
3. Die Putenschnitzel mit dem Frischkäse einstreichen.
4. Den Spargel bis zu den Spitzen schälen und das untere holzige Drittel wegschneiden.
5. Je 3 Stück Spargel auf die Schnitzel legen und das Fleisch einrollen. Die Rouladen gegebenenfalls mit einem Zahnstocher fixieren.
6. Eine Pfanne mit dem Kokosöl erhitzen und die Rouladen mit dem Thymianzweig hineinlegen. Die Rollen rundherum goldbraun anbraten.
7. Die Kräuterbutter dazugeben, die Pfanne mit einem Deckel verschließen und das Fleisch bei geringer Hitze für etwa 8 Minuten garen.
8. Die Putenrouladen anrichten und mit etwas Kräuterbutter übergießen.

HÜHNERNUGGETS IN MÜSLI PANIERT

mittel | 15 Minuten | 20 Minuten | 2 Portionen (ohne Beilagen)

Zutaten

300 g Hühnerbrust ohne Haut | Kräutersalz | 2 Eier | 1 EL Sahne | 2 EL Mehl | ½ TL Majoran | 100 g Müsli (ohne Früchte) | Kokosöl zum Frittieren

1. Die Hühnerbrust waschen trocken tupfen und in 30 g große Stücke scheiden. Mit etwas Kräutersalz würzen.
2. Die Eier mit der Sahne, dem Mehl und dem Majoran in eine Schüssel geben und gut verrühren.
3. Die Nuggets durchs Ei ziehen und im Müsli wenden. Das Müsli mit den Händen gut andrücken.
4. Das Kokosöl auf 165–170 °C erhitzen und die Nuggets darin für etwa 3 Minuten backen.
5. Herausnehmen und auf einem Küchenpapier das überschüssige Fett abtropfen lassen.

TIPPS UND TRICKS

Pommes schmecken Kindern zu den Nuggets am besten, aber auch Bratkartoffeln, Wedges und ein kleiner Salat.

One-Pot-Ragout mit Rindfleisch

einfach | 20 Minuten | 50 Minuten | 2 Portionen

Zutaten

250 g Rindfleisch für Gulasch | 1 EL Kokosöl | 1 rote Zwiebel | 1 Möhre | 300 g Kartoffeln | 1 TL Tomatenmark | ½ TL mildes Paprikapulver | 300 ml Gemüsebrühe | 1 TL italienische Kräuter | 1 EL Gewürzpaste | 2 EL saure Sahne | 1 TL Mehl | 2 EL gehackte Petersilie

1. Das Rindfleisch waschen, trocken tupfen und in 2 cm große Würfel schneiden.
2. Das Kokosöl in einem Topf erhitzen und das Rindfleisch darin scharf anbraten.
3. Die Zwiebel schälen und klein schneiden. Die Möhre und die Kartoffeln schälen und in 2 cm große Würfel schneiden.
4. Die Zwiebel, die Möhre, die Kartoffeln, das Tomatenmark und das Paprikapulver zum Fleisch geben und leicht mitrösten.
5. Mit der Gemüsebrühe aufgießen.
6. Mit den italienischen Kräutern und der Gewürzpaste würzen. Den Topf mit einem Deckel verschließen und alles bei mittlerer Hitze für 30 Minuten garen.
7. Die saure Sahne mit dem Mehl verrühren, in das Ragout gießen und verrühren.
8. Zum Anrichten mit der Petersilie bestreuen.

Tipps und Tricks

Nudeln, Kartoffeln oder Reis passen als Beilage, obwohl das Ragout auch wunderbar pur oder nur mit einem Stück Brot gegessen werden kann.

MAULTASCHEN

aufwendig | 20 Minuten | 60 Minuten | 2 Portionen

Zutaten

100 g Mehl | 1 EL Vollkorngrieß | 2 Eier | 1 altes Brötchen | 200 g Hackfleisch | ½ TL Majoran | 1 Messerspitze gemahlener Kreuzkümmel | Kräutersalz | 500 ml Gemüsebrühe

1. Das Mehl mit dem Vollkorngrieß und einem Ei zu einem Teig verkneten.
2. Den Teig in Folie wickeln und für 30 Minuten in den Kühlschrank stellen.
3. Das Brötchen in etwas Milch einweichen, mit den Händen ausdrücken und mit dem Hackfleisch, einem Ei, dem Majoran, dem Kreuzkümmel und dem Kräutersalz in eine Schüssel geben und gut vermischen.
4. Den Teig aus dem Kühlschrank nehmen und mit einer Nudelmaschine oder mit dem Nudelholz dünn ausrollen.
5. Die Hackmasse in der Mitte des Teiges platzieren. Den Teig einschlagen und die Füllung verstecken.
6. Mit einem Kochlöffelstiel alle 5 cm ein Stück Teig abtrennen und mit einem Messer durchschneiden.
7. Die Gemüsebrühe erhitzen und die Maultaschen bei geringer Hitze darin für 10 Minuten garen.
8. Die Suppe mit den Maultaschen anrichten.

HACKFLEISCHEINTOPF

einfach | 10 Minuten | 30 Minuten | 2 Portionen

Zutaten

1 rote Zwiebel | 1 Zehe Knoblauch | 150 g Hokkaido-Kürbis | 150 g Süßkartoffeln | 1 EL Kokosöl | 250 g Hackfleisch | 200 ml Gemüsebrühe | 200 ml Sahne | 1 EL Gewürzpaste | 1 Messerspitze gemahlener Zimt | 1 Prise Muskatnuss | 2 TL gehackte Petersilie

1. Die Zwiebel und den Knoblauch schälen und klein schneiden.
2. Den Kürbis und die geschälten Süßkartoffeln in 2 cm große Würfel schneiden.
3. Das Kokosöl in einem Topf erhitzen und die Zwiebel mit dem Knoblauch darin anbraten.
4. Das Hackfleisch dazugeben und goldbraun anrösten.
5. Den Hokkaido-Kürbis und die Süßkartoffeln dazugeben. Mit der Gemüsebrühe und der Sahne aufgießen.
6. Mit der Gewürzpaste, dem Zimt und der Muskatnuss würzen. Bei mittlerer Hitze für 20 Minuten köcheln lassen.
7. Zum Anrichten mit der Petersilie bestreuen.

THUNFISCH MIT REIS UND BROKKOLI

einfach | 20 Minuten | 25 Minuten | 2 Portionen

Zutaten

½ Tasse Reis | 1 Tasse Wasser | 1 Schalotte | 150 g Brokkoli | 1 EL Olivenöl | 1 Dose Thunfisch im eigenen Saft | 100 ml saure Sahne | 1 TL fein gehackter Rosmarin | Kräutersalz

1. Den Reis mit dem Wasser in einen kleinen Topf geben, mit einem Deckel verschließen und erhitzen. Den Reis bei geringer Hitze für 15 Minuten ziehen lassen.
2. Die Schalotte schälen und fein würfeln. Den Brokkoli in kleine Röschen schneiden.
3. Das Olivenöl in einer Pfanne erhitzen. Die Schalotte mit dem Brokkoli darin anbraten.
4. Den Thunfisch abgießen und ebenfalls mitbraten.
5. Den gekochten Reis dazugeben und alles gut durchmischen. Die saure Sahne einrühren.
6. Mit Rosmarin und Kräutersalz würzen und abschmecken.

CORNFLAKES-FISCHFINGER

aufwendig | 25 Minuten | 25 Minuten | 2 Portionen

Zutaten

280 g Seelachsfilet | etwas Zitronensaft | Kräutersalz | 2 Eier | 2 EL Milch | 100 g Cornflakes ohne Zuckerzusatz | 3 EL Mehl | Kokosöl zum Frittieren | 2 EL Joghurtmayonnaise | etwas Zitronenabrieb

1. Den Seelachs waschen, trocken tupfen und in 1 × 5 cm große Stücke schneiden. Mit Zitronensaft und Kräutersalz würzen.
2. Die Eier mit der Milch verquirlen.
3. Die Cornflakes mit den Händen grob zerdrücken.
4. Die Fischstücke im Mehl wenden, durch das Ei ziehen und in den Cornflakes wälzen. Die Cornflakes mit den Händen leicht andrücken.
5. Das Kokosöl auf 170 °C erhitzen und die Fischfinger darin für 4 Minuten ausbacken. Aus dem Kokosöl fischen und auf einem Küchentuch abtropfen lassen.
6. Die Joghurtmayonnaise mit dem Zitronenabrieb verrühren und als Dip dazugeben.

TIPPS UND TRICKS

Der Fisch kann alternativ in der Heißluftfritteuse frittiert werden.

FISCHFILET IN TOMATENSOSSE

einfach | 20 Minuten | 30 Minuten | 2 Portionen

Zutaten

1 rote Zwiebel | ½ Möhre | ½ Stange Stangensellerie | 300 g Tomaten | 1 TL Oregano | 1 EL Gewürzpaste | 1 TL Honig | 280 g Barschfilet ohne Haut | Kräutersalz | etwas Butter zum Einfetten der Auflaufform (ca. 30 × 15 cm)

1. Die Zwiebel schälen und klein schneiden. Die Möhre schälen und in 5 mm kleine Würfel schneiden. Den Stangensellerie in dünne Streifen schneiden. Die Tomaten waschen, trocken tupfen, den Strunk entfernen und in kleine Stücke schneiden.
2. Backofen auf 200 °C Ober- und Unterhitze (oder 180 °C Umluft) vorheizen.
3. Die Zwiebel mit der Möhre, dem Stangensellerie, den Tomaten, dem Oregano, der Gewürzpaste und mit dem Honig in eine Auflaufform geben und gut vermischen.
4. Die Barschfilets waschen, trocken tupfen und mit Kräutersalz würzen. Auf die Tomaten legen, in den vorgeheizten Backofen schieben und für 12 Minuten garen.

Gefüllte Kartoffeln

mittel | 30 Minuten | 45 Minuten | 2 Portionen

Zutaten

2 mittlere Kartoffeln | 50 g Zucchini | 50 g Aubergine | ¼ rote Paprika | ½ rote Zwiebel | 1 Zehe Knoblauch | 1 TL Kokosöl | 3 EL Frischkäse | ½ TL fein gehackter Rosmarin | Salz | etwas Pfeffer | 1 EL gehackte Petersilie | 40 g Schafskäse

1. Die Kartoffeln gut waschen und weich kochen. Mit kaltem Wasser abschrecken, der Länge nach halbieren und mit einem Kugelausstecher vorsichtig aushöhlen.
2. Die Zucchini waschen, trocken tupfen und in kleine Würfel schneiden. Die Aubergine schälen und ebenfalls in kleine Würfel schneiden. Die Paprika in feine Würfel schneiden. Zwiebel und Knoblauch schälen und fein hacken.
3. Das Kokosöl in einer Pfanne erhitzen und die Zucchini, die Aubergine, die Paprika, die Zwiebel und den Knoblauch darin anbraten lassen. Den Frischkäse und den Rosmarin einrühren und mit Salz, Pfeffer und der Petersilie würzen. Die ausgehöhlten Kartoffelabschnitte klein hacken und untermischen. Das Gemüse zurück in die Kartoffel füllen, in eine Auflaufform legen und den Schafskäse darüber bröseln.
4. Backofen auf 200 °C Ober- und Unterhitze (oder 180 °C Umluft) vorheizen. Die Kartoffeln auf oberer Schiene für 5 Minuten überbacken.

PIKANTE PFANNKUCHENPIZZA

einfach | 15 Minuten | 25 Minuten | 2 Portionen

Zutaten

100 g Brokkoli
¼ rote Paprika
80 g Champignons
1 EL Kokosöl
2 Tomaten
20 g Blattspinat
150 ml Milch
2 Eier
3 EL Mehl
Salz
etwas Pfeffer
1 TL italienische Kräuter
80 g geriebener Käse

1. Den Brokkoli in kleine Röschen schneiden, waschen und trocknen. Die Paprika schälen und in 1 cm große Würfel schneiden. Die Champignons putzen und in Scheiben schneiden.
2. Das Kokosöl in einer Pfanne erhitzen und den Brokkoli mit der Paprika und den Champignons darin anschwitzen.
3. Die Tomaten waschen, trocken tupfen, den Strunk entfernen und in kleine Würfel schneiden. Den Blattspinat waschen und trocken schleudern.
4. Die Milch mit den Eiern, dem Mehl, Salz, Pfeffer und den italienischen Kräutern in einer Schüssel glatt rühren.
5. Die Tomaten und den Blattspinat mit in die Pfanne geben und mit dem Pfannkuchenteig übergießen. Mit einem Deckel verschließen und bei geringer Hitze für 5 Minuten stocken lassen.
6. Den Pfannkuchen wenden und mit Käse bestreuen. Noch etwas italienische Kräuter auf dem Käse verteilen.
7. Backofen auf 200 °C Ober- und Unterhitze (oder 180 °C Umluft) vorheizen und für 5–7 Minuten backen, bis der Käse leicht braun wird.
8. Aus dem Ofen nehmen und in Spalten schneiden.

TIPPS UND TRICKS

Die Pfannkuchenpizza schmeckt warm und kalt.

KÜRBIS-BLUMENKOHL-KARTOFFEL-GEMÜSE AUS DEM OFEN

einfach | 15 Minuten | 50 Minuten | 2 Portionen

Zutaten

100 g Kartoffeln
200 g Kürbis
200 g Blumenkohl
100 g Champignons (optional)
1 EL Kokosöl
Salz
1 TL Thymian
1 Messerspitze gemahlener Zimt
1 TL mildes Currypulver
150 g Joghurt
1 TL Zitronensaft
2 EL gehackte Petersilie
2 EL Granatapfelkerne

1. Die Kartoffeln waschen, schälen und in dünne Spalten schneiden. Den Kürbis schälen, entkernen und in 3 cm große Würfel schneiden. Den Blumenkohl in 3 cm kleine Röschen schneiden, waschen und trocknen. Die Champignons putzen.
2. Die Kartoffeln mit dem Kürbis, dem Blumenkohl, dem Kokosöl, dem Salz, dem Thymian, dem Zimt und dem Currypulver in eine Schüssel geben und vermischen.
3. Backofen auf 170 °C Ober- und Unterhitze (oder 150 °C Umluft) vorheizen. Das Gemüse auf ein mit Backpapier ausgelegtes Backblech geben und auf mittlerer Schiene für 30–35 Minuten garen.
4. Aus dem Ofen nehmen und auf 2 Teller verteilen.
5. Den Joghurt mit dem Zitronensaft, einer Prise Salz und der Petersilie verrühren und mit einem Löffel über das Gemüse nappieren. Mit den Granatapfelkernen garnieren.

Cremige Gemüsenudeln

einfach | 15 Minuten | 25 Minuten | 2 Portionen

Zutaten

160 g Penne
1 Schalotte
½ Möhre
80 g Kaiserschoten
1 EL Rapsöl
80 g Schwarzwurzeln (frisch oder aufgetaut)
40 g Brokkoli-Röschen (optional)
200 ml Gemüsebrühe
150 ml Hafersahne
Salz
1 kleine Prise Pfeffer
1 kleine Prise Muskatnuss
1 Prise gemahlener Koriander
1 EL Wasser
1 TL Maismehl
etwas Schnittlauchringe zum Bestreuen

1. Die Penne laut Packungsanweisung in reichlich Salzwasser bissfest kochen und abseihen.
2. Die Schalotte schälen und klein schneiden. Die Möhre schälen und in feine Würfel schneiden. Die Kaiserschoten putzen und in Rauten schneiden.
3. Das Rapsöl in einer Pfanne erhitzen und die Schalotte mit den Möhren darin andünsten lassen.
4. Die Kaiserschoten, die Schwarzwurzeln und optional den Brokkoli dazugeben. Mit der Gemüsebrühe und der Hafersahne aufgießen und für 6 Minuten weiterkochen lassen. Mit Salz, Pfeffer, Muskatnuss und Koriander würzen und abschmecken. Die Penne in die Pfanne geben.
5. Das Wasser mit dem Maismehl verrühren und einrühren, um damit die Soße zu binden. Für 1 Minute aufkochen lassen.
6. Zum Anrichten mit dem Schnittlauch bestreuen.

GEMÜSEWAFFELN

einfach | 15 Minuten | 20 Minuten | 2 Portionen

Zutaten

80 g Möhren | 80 g Brokkoli | 50 g Zucchini | 120 ml Buttermilch | 2 Eier | 4 EL Mehl | 1 Messerspitze Weinstein-Backpulver | etwas Salz | 1 Prise Muskatnuss | ½ TL Majoran | 2 EL fein gehackte Petersilie | ½ Zehe geriebener Knoblauch | etwas Butter fürs Waffeleisen | saure Sahne zum Dippen

1. Die Möhre schälen und fein reiben. Den Brokkoli waschen, trocknen und klein hacken. Die Zucchini waschen, trocken tupfen, raspeln und in einem Küchentuch das Wasser auspressen.
2. Die Buttermilch mit den Eiern, dem Mehl, dem Weinstein-Backpulver, dem Salz, der Muskatnuss, dem Majoran und mit der Petersilie in einer Schüssel zu einem dickflüssigen Teig verrühren. Den Teig für 5 Minuten quellen lassen.
3. Das Gemüse und den Knoblauch dazugeben. Das Waffeleisen vorheizen und die Waffel darin goldbraun backen.
4. Die Waffeln in Stücke schneiden und die saure Sahne als Dip in Schälchen dazugeben.

OFFENER ÜBERBACKENER TOAST HAWAII

einfach | 15 Minuten | 20 Minuten | 2 Portionen

Zutaten

2 Scheiben Sandwichtoast | 2 große Scheiben veganer Schinken | 2 Scheiben frische Ananas, Strunk in der Mitte entfernt | 4 Scheiben Emmentaler | 2 TL Preiselbeeren

1. Backofen auf 200 °C Ober- und Unterhitze (oder 180 °C Umluft) vorheizen.
2. Die Toastscheiben leicht vortoasten und auf ein mit Backpapier ausgelegtes Backblech legen.
3. Mit dem veganen Schinken und der Ananas belegen. Mit dem Emmentaler bedecken.
4. Die Toasts auf oberer Schiene für 6–8 Minuten überbacken.
5. Zum Anrichten die Preiselbeerkonfitüre in das Ananasloch geben.

Gratinierter Tofu mit Tomate und Käse

einfach | 15 Minuten | 20 Minuten | 2 Portionen

Zutaten

2 Scheiben geräucherter Tofu à 100 g
2 TL Gemüsebrühe
3 EL Mehl
1 EL Kokosöl
1 Tomate
6 Blätter Basilikum
60 g Gouda
etwas getrockneter Oregano

1. Den Tofu mit der Gemüsebrühe einpinseln und im Mehl wenden.
2. Das Kokosöl in einer Pfanne erhitzen und die Tofuscheiben für eine Minute je Seite scharf anbraten.
3. Den Backofen auf Grillfunktion einschalten.
4. Ein Backblech mit Backpapier auslegen. Den Tofu auf das Backblech legen.
5. Die Tomate waschen, trocknen, den Strunk entfernen und in dünne Scheiben schneiden.
6. Den Tofu mit den Tomatenscheiben belegen. Die Basilikumblätter auf die Tomaten legen und mit dem Gouda abschließen.
7. Mit dem Oregano bestreuen und auf oberster Schiene für 4 Minuten gratinieren lassen.

Tipps und Tricks

Sie können auch andere Käsesorten zum Gratinieren verwenden.

Ravioli mit Frischkäse

aufwendig | 15 Minuten | 45 Minuten | 20 Stück (2 Portionen)

Zutaten

180 g Mehl
2 Eier
100 g Frischkäse
1 EL fein gehackte Petersilie
Kräutersalz
1 Messerspitze Zitronenabrieb (Bio-Zitrone)
2 EL Butter
etwas gehobelter vegetarischer Parmesan (ohne tierisches Lab)
1 Eiweiß

1. Das Mehl mit den Eiern zu einem Nudelteig kneten, in Folie wickeln und für 30 Minuten im Kühlschrank ruhen lassen.
2. Den Teig halbieren und beide Teile einzeln durch eine Nudelmaschine oder mit dem Nudelholz zu einem hauchdünnen Teig ausrollen.
3. Den Frischkäse mit der Petersilie, Kräutersalz und Zitronenabrieb glatt rühren.
4. Alle 10 cm einen Teelöffel der Masse in die Mitte einer Teigplatte geben.
5. Rund um den Frischkäse etwas Eiweiß streichen.
6. Mit der zweiten Teigplatte bedecken und mit einem Ravioliausstecher ausstechen.
7. Den Topf in reichlich Salzwasser erhitzen und die Ravioli für 3 Minuten kochen lassen.
8. Die Butter in einer Pfanne erhitzen.
9. Die Ravioli aus dem Wasser direkt in die Pfanne geben und die Ravioli vorsichtig in der Butter durchschwenken.
10. Zum Anrichten mit dem Parmesan verfeinern.

Tipps und Tricks

Der fertige Teig darf nicht an den Händen kleben bleiben – wenn er zu klebrig ist, noch Mehl dazugeben.

Zum Ausstechen können Sie Ravioliausstecher, Raviolibretter, Ravioliformen oder auch ein einfaches Glas (Durchmesser ca. 5 cm) verwenden.

Bunter Gemüsereis

einfach | 25 Minuten | 25 Minuten | 2 Portionen

Zutaten

1 Tasse Reis | 2 Tassen Gemüsebrühe | 1 TL Kurkuma | 80 g Brokkoli | 80 g Zucchini | 1 TL Butter | 80 g Mais (oder Erbsen) | 100 ml Kokosmilch | Kräutersalz | ½ TL Majoran | ein wenig frischen Koriander gehackt zum Bestreuen

1. Den Reis mit der Gemüsebrühe und dem Kurkuma im Reiskocher garen. Es funktioniert auch simpel im Topf.
2. Den Brokkoli in kleine Röschen schneiden. Die Zucchini waschen, trocken tupfen und in 1 cm große Würfel schneiden.
3. Eine Pfanne mit der Butter erhitzen und den Brokkoli darin leicht anbraten.
4. Die Zucchini und den Mais (oder die Erbsen) dazugeben und mit der Kokosmilch aufgießen.
5. Den gekochten Reis untermischen und mit Kräutersalz und Majoran würzen.
6. Zum Anrichten mit dem Koriander bestreuen.

BUNTE BRATNUDELN

einfach | 15 Minuten | 20 Minuten | 2 Portionen

Zutaten

100 g Spaghetti | ½ rote Zwiebel | ½ Möhre | 100 g Zuckerschoten | 100 g Champignons | 1 EL Kokosöl | 2 EL geröstete Erdnüsse | 2 EL Gemüsebrühe | gehackte Petersilie

1. Die Spaghetti wie gewohnt kochen (nach Packungsanweisung).
2. Die Zwiebel schälen und in feine Streifen schneiden. Die Möhre schälen und ebenfalls in feine Streifen schneiden. Die Zuckerschoten in Rauten schneiden. Die Champignons putzen und in Scheiben schneiden.
3. Die Zwiebel mit der Möhre im heißen Kokosöl anbraten.
4. Die Zuckerschoten und die Champignons dazugeben und mitbraten.
5. Die Nudeln und die Erdnüsse untermischen und mit der Gemüsebrühe würzen.
6. Zum Anrichten mit der Petersilie bestreuen.

TIPPS UND TRICKS

Sie können für die Bratnudeln jedes Gemüse verwenden, das Ihr Kind gerne isst.

Zur Abwechslung können Sie statt Spaghetti auch andere Teigwaren nach Lust und Laune verwenden – zum Beispiel Penne, Spiralnudeln (Fusilli) oder Hörnchen.

Zoodles mit Rahmsosse

aufwendig | 15 Minuten | 20 Minuten | 2 Portionen

Zutaten

300 g Zucchini
1 Schalotte
2 EL Butter
1 TL Mehl
1 EL Zitronensaft
150 ml Gemüsebrühe
100 ml Sahne
1 Prise gemahlener Kreuzkümmel
Kräutersalz
1 kleine Prise Pfeffer
1 kleine Prise Muskatnuss
Schnittlauchringe zum Bestreuen

1. Die Zucchini waschen, trocken tupfen und mit einem Spiralschneider zu langen Spaghetti schneiden. Die Schalotte schälen und klein schneiden.
2. Eine Pfanne mit 1 EL Butter erhitzen und die Zucchini darin für 2 Minuten anbraten.
3. Die restliche Butter in einem kleinen Topf erhitzen und die Schalotte darin hell anschwitzen.
4. Das Mehl dazugeben und mit einem Schneebesen verrühren, bis sich das Mehl mit der Butter verbunden hat.
5. Mit dem Zitronensaft, der Gemüsebrühe und der Sahne aufgießen und mit dem Schneebesen erneut gut durchrühren.
6. Mit dem Kreuzkümmel, dem Kräutersalz, dem Pfeffer und der Muskatnuss würzen. Die Rahmsoße für 3 Minuten unter ständigem Rühren aufkochen lassen.
7. Die Zucchini dazugeben, durchmischen und anrichten.
8. Mit dem Schnittlauch bestreuen.

Tipps und Tricks

Als gesunde und frische Alternative zur geliebten Pasta kommen Gemüsenudeln (zum Beispiel aus Zucchini, Möhren, Kürbis etc.) ins Spiel. Hierfür brauchen Sie einen Spiralschneider. Diesen gibt es per Hand oder elektrisch betrieben.

NUDELN MIT LINSENBOLOGNESE

einfach | 20 Minuten | 25 Minuten | 2 Portionen

Zutaten

140 g Vollkornspaghetti
1 Schalotte
½ Möhre
50 g Petersilienwurzel
1 TL Olivenöl
1 TL Tomatenmark
80 g rote Linsen
250 g passierte Tomaten
1 TL getrockneter Oregano
½ TL getrocknetes Basilikum
½ TL Ahornsirup
Kräutersalz

1. Die Spaghetti laut Packungsanweisung in reichlich Salzwasser kochen.
2. Die Nudeln abseihen und eine ½ Tasse des Kochwassers auffangen und beiseite stellen.
3. Die Schalotte schälen und klein schneiden. Die Möhre und die Petersilienwurzel schälen und in 5 mm kleine Würfel schneiden oder raspeln.
4. Das Olivenöl in einem Topf erhitzen und die Schalotte mit der Möhre und der Petersilienwurzel darin anbraten.
5. Das Tomatenmark dazugeben und mitbraten.
6. Die roten Linsen, die passierten Tomaten und das beiseite gestellte Kochwasser in den Topf geben. Mit dem Oregano, dem Basilikum, dem Ahornsirup und dem Kräutersalz würzen.
7. Die Linsenbolognese bei mittlerer Hitze für 15 Minuten kochen lassen.
8. Die Spaghetti in tiefen Tellern anrichten und mit der Linsenbolognese bedecken.

BUNTES OFENGEMÜSE – »ONE TRAY«

einfach | 10 Minuten | 40 Minuten | 2 Portionen

Zutaten

1 Möhre
1 gelbe Möhre
1 Pastinake
100 g Blumenkohl
200 g Kartoffeln
2 Zweige Rosmarin
3 EL Olivenöl
Kräutersalz
100 g vegane saure Sahne

1. Backofen auf 200 °C Ober- und Unterhitze (oder 180 °C Umluft) vorheizen.
2. Die Möhren schälen und der Länge nach vierteln oder gegebenenfalls auch sechsteln. Die Pastinake schälen und in Spalten schneiden. Den Blumenkohl in 4 cm große Röschen schneiden. Die Kartoffeln schälen und in Spalten schneiden.
3. Das Gemüse auf einem mit Backpapier ausgelegtem Backblech verteilen.
4. Den Rosmarin grob schneiden und auf dem Gemüse verteilen. Großzügig mit dem Olivenöl beträufeln.
5. Das Gemüse auf mittlerer Schiene für 30 Minuten garen.
6. Aus dem Ofen nehmen und mit dem Kräutersalz würzen.
7. Anrichten und die vegane saure Sahne als Dip dazugeben.

TIPPS UND TRICKS

Sie können das Gemüse nach Belieben wählen und verschiedene Varianten ausprobieren.

Buntes Rahmgemüse

einfach | 12 Minuten | 20 Minuten | 2 Portionen

Zutaten

100 g Schwarzwurzeln (frisch oder aufgetaut) | 10 g Brokkoli | 100 g Romanesco | 100 g Erbsen | 150 ml Gemüsebrühe | 150 ml Hafersahne | 1 Prise gemahlener Kreuzkümmel | 1 Prise gemahlene Fenchelsamen | Kräutersalz | 1 TL Mehl | 2 EL Wasser

1. Die Schwarzwurzeln in 3 cm lange Stücke schneiden. Den Brokkoli und den Romanesco in mundgerechte Röschen schneiden.
2. Die Schwarzwurzeln mit den Erbsen, dem Brokkoli, dem Romanesco, der Gemüsebrühe, der Hafersahne, dem Kreuzkümmel, den Fenchelsamen und mit dem Kräutersalz in einen Topf geben und langsam erhitzen.
3. Das Rahmgemüse bei mittlerer Hitze für 8 Minuten garen.
4. Das Mehl mit dem Wasser verrühren. In den Topf gießen und das Gemüse damit abbinden.
5. Noch kurz köcheln lassen und anrichten.

Tipps und Tricks

Statt Romanesco können Sie auch weißen Blumenkohl verwenden.

Romanesco ist eine aus Italien stammende Blumenkohlsorte. Anders als beim weißen Blumenkohl sind die Röschen nicht von Blättern umhüllt und daher ständig der Sonne ausgesetzt – deshalb die grüne Farbe.

LINSENFRIKADELLEN MIT MÖHRENGEMÜSE

mittel | 35 Minuten | 55 Minuten | 2 Portionen

Zutaten

100 g rote Linsen | 1 Kartoffel | 3 EL Maismehl | 1 EL geschrotete Leinsamen | 1 Prise gemahlener Kreuzkümmel | 1 TL Majoran | Kräutersalz | 100 g Möhren | 100 g Urmöhre | 2 EL Kokosöl | 1 TL Thymian

1. Die roten Linsen in einen Topf mit reichlich Wasser für 15 Minuten weich kochen. Danach abgießen und auskühlen lassen.
2. Die Kartoffel schälen und fein reiben.
3. Die Linsen mit der Kartoffel, dem Maismehl, den Leinsamen, dem Kreuzkümmel, dem Majoran und dem Kräutersalz in eine Schüssel geben und gut vermischen. Die Masse für 15 Minuten ruhen lassen.
4. Die Möhren schälen, in 4 cm Stifte schneiden und in eine Schüssel geben. Mit 1 EL Kokosöl, Thymian und Kräutersalz mischen und in der Heißluftfritteuse für 20 Minuten garen.
5. Das restliche Kokosöl in einer Pfanne erhitzen.
6. Mit feuchten Händen kleine Frikadellen aus der Masse formen und bei mittlerer Hitze für 3 Minuten je Seite braten.
7. Das Möhrengemüse auf 2 Tellern anrichten und die Frikadellen dazulegen.

GEBACKENER REISAUFLAUF

mittel | 30 Minuten | 1 Tag | 2 Portionen

Zutaten

150 g gekochter Reis vom Vortag | 2 Eier | 4 EL Rohrzucker | 2 EL Orangensaft | 2 EL Mehl | Butter zum Einfetten der Backform (ca. 20 × 10 cm)

1. Reis am Vortag kochen und in den Kühlschrank stellen.
2. Am Tag der Zubereitung: Backofen auf 175 °C Ober- und Unterhitze (oder 155 °C Umluft) vorheizen.
3. Die Eier trennen und das Eiweiß steif schlagen.
4. Die Eigelbe mit 2 EL Rohrzucker, dem Orangensaft, dem Mehl und dem Reis in einer Schüssel vermischen.
5. Den Eischnee unterheben.
6. Eine Auflaufform mit etwas Butter einfetten.
7. Die Masse einfüllen und mit einer Teigkarte glatt streichen.
8. Mit dem restlichen Rohrzucker bestreuen.
9. Den Reisauflauf auf mittlerer Schiene für 40 Minuten backen.

Kaiserschmarrn mit Pflaumenkompott

mittel | 25 Minuten | 25 Minuten | 2 Portionen

Zutaten

150 ml Milch | 3 EL Mehl | 3 Eier | ½ TL Vanillezucker | 2 EL Butter | 2 EL Mandelblättchen | 3 EL Rohrzucker | 200 g Pflaumen | 80 ml Wasser | ½ TL gemahlener Zimt | 1 Prise Nelkenpulver

1. Die Milch mit dem Mehl, den Eiern und dem Vanillezucker in eine Schüssel geben und gut verrühren.
2. 1 EL Butter in einer Pfanne aufschäumen lassen. Die Masse in die Pfanne gießen, mit einem Deckel verschließen und bei geringer Hitze langsam stocken lassen.
3. Nach etwa 5 Minuten den Kaiserschmarrn vorsichtig wenden und mit geschlossenem Deckel für weitere 6 Minuten backen.
4. Den Kaiserschmarrn mit 2 Kochlöffel in 2 cm große Stücke zerreißen.
5. Die restliche Butter, die Mandelblättchen und 2 EL Rohrzucker dazugeben. Den Kaiserschmarrn leicht karamellisieren lassen.
6. In der Zwischenzeit die Pflaumen waschen, halbieren und entsteinen.
7. Die Pflaumen mit dem restlichen Rohrzucker, dem Wasser, dem Zimt und dem Nelkenpulver in einen Topf geben und bei mittlerer Hitze für 10 Minuten garen. Das Pflaumenmus zum Anrichten in Schalen dazu reichen.

ÜBERBACKENE QUARKPFANNKUCHEN

aufwendig | 25 Minuten | 50 Minuten | 2 Portionen

Zutaten

Für die Pfannkuchen:

130 ml Milch
2 Eier
3 EL Mehl
Kokosöl zum Braten
Butter zum Einfetten der Auflaufform (ca. 30 × 20 cm)

Für die Füllung:

120 g Quark
1 Ei
3 EL Rosinen (optional)
2 EL Honig
½ TL Vanillezucker

Für den Guss:

100 ml Milch
1 Ei
1 TL Rohrzucker

1. Backofen auf 200 °C Ober- und Unterhitze (oder 180 °C Umluft) vorheizen.
2. Für die Pfannkuchen die Milch mit den Eiern und dem Mehl in einer Schüssel verrühren.
3. Eine Pfanne mit etwas Kokosöl erhitzen und darin 4 Pfannkuchen braten.
4. Für die Füllung den Quark mit dem Ei, optional mit den Rosinen, dem Honig und dem Vanillezucker glatt rühren.
5. Die Pfannkuchen mit dem Quark einstreichen und einrollen.
6. Eine Auflaufform mit etwas Butter einfetten und die Pfannkuchen nebeneinander hineinlegen.
7. Für den Guss die Milch mit dem Ei und dem Rohrzucker verrühren und über die Pfannkuchen gießen. Auf mittlerer Schiene für 25 Minuten backen.

TIPPS UND TRICKS

Diese Pfannkuchen schmecken heiß und auch kalt.

FRUCHTKNÖDEL

mittel | 30 Minuten | 60 Minuten | 2 Portionen

Zutaten

200 g mehlige Kartoffeln
2 EL feiner Weichweizengrieß
1 Ei
1 Eigelb
60 g Mehl
4 Erdbeeren
2 EL Butter
1 EL Rohrzucker
4 EL Paniermehl
1 Päckchen Vanillezucker
Puderzucker

1. Die Kartoffeln waschen und weich kochen, dann schälen und ausdämpfen lassen.
2. Kartoffeln durch eine Kartoffelpresse drücken und mit dem Weichweizengrieß, dem Ei, dem Eigelb und dem Mehl in eine Schüssel geben und zu einem Teig verkneten. Den Teig in 4 gleiche Stücke teilen.
3. Die Erdbeeren waschen, trocken tupfen und das Grün wegschneiden.
4. Den Teig mit den Händen flach drücken, die Erdbeeren in die Mitte setzen, den Teig einschlagen und zu einem Knödel formen. Die Knödel dürfen keine Risse aufweisen.
5. Einen Topf mit reichlich Wasser und dem Vanillezucker erhitzen.
6. Die Knödel für 5 Minuten kochen, mit einem Deckel verschließen und ohne Hitze für weitere 10 Minuten ziehen lassen.
7. Die Butter in einem Topf aufschäumen lassen, den Rohrzucker und das Paniermehl dazugeben und goldbraun braten.
8. Die Erdbeerknödel in dem süßen Paniermehl wenden und zum Anrichten mit etwas Puderzucker bestäuben.

TIPPS UND TRICKS

Die Fruchtknödel schmecken auch mit Pflaumen oder Aprikosen köstlich.

Im Winter können Sie Ihre Knödel mit Tiefkühlobst befüllen, zum Beispiel mit Obst, das Sie im Sommer ernten und einfrieren.

ARME RITTER

einfach | 10 Minuten | 10 Minuten | 2 Portionen

Zutaten

100 ml Milch | 2 Eier | 1 TL Vanillezucker | 4 Scheiben Toastbrot | 2 EL Butter | 2 EL Rohrzucker | 1 EL gemahlener Zimt | 100 g frische Himbeeren

1. Die Milch mit den Eiern und dem Vanillezucker in einer Schale gut verrühren.
2. Die Toastscheiben durchziehen.
3. Die Butter in einer Pfanne erhitzen und die Toastscheiben darin für etwa 90 Sekunden je Seite goldbraun braten.
4. Den Rohrzucker mit dem Zimt in einem Teller vermischen und die gebacken Toastscheiben darin wenden.
5. Himbeeren waschen, trocken tupfen und Toast damit dekorieren.

TIPPS UND TRICKS

Eine Kugel Eis passt gut dazu.

LUSTIGER BIRNEN-IGEL

einfach	10 Minuten	10 Minuten	1 Igel

Zutaten

1 Birne | 50 g Weintrauben | 2 Gewürznelken | Zahnstocher

1. Birne waschen und nur die obere Hälfte schälen.
2. Weintrauben auf Zahnstocher stecken und dann Zahnstocher nebeneinander in den ungeschälten Teil der Birne stecken, sodass ein Igel entsteht.
3. Die beiden Nelken für die Augen in die Birne drücken, und fertig ist der Igel.

TIPPS UND TRICKS

Sie werden sehen: So einfach ist es, Kindern Obst schmackhaft zu machen.

Bratapfel

einfach	10 Minuten	35 Minuten	2 Portionen

Zutaten

2 Äpfel | 30 g Marzipan | 6 Nelken | 2 EL Rohrzucker | 1 TL gemahlener Zimt | 1 TL Rosinen (optional)

1. Backofen auf 200 °C Ober- und Unterhitze (oder 180 °C Umluft) vorheizen.
2. Die Äpfel waschen und trocken tupfen. Das Kerngehäuse mit einem Ausstecher entfernen.
3. Das Marzipan in die ausgehöhlten Äpfel geben.
4. Die Äpfel mit den Nelken spicken und in eine feuerfeste Form stellen.
5. Den Rohrzucker mit dem Zimt und optional mit den Rosinen vermischen und die Äpfel damit bestreuen.
6. Die Äpfel für 25 Minuten im Ofen braten.

ANANASPUDDING

einfach

15 Minuten

75 Minuten

2 Portionen

Zutaten

150 g Ananas | 50 ml Kokosmilch | 200 ml Milch | 2 EL Vanillepuddingpulver | 2 EL Honig

1. Die Hälfte der Ananas mit der Kokosmilch in einem Mixer fein pürieren.
2. Die restliche Ananas in 1 cm große Stücke schneiden.
3. 50 ml Milch mit dem Vanillepuddingpulver in einer kleinen Schale verrühren.
4. 150 ml Milch mit dem Ananaspüree und dem Honig in einen Topf geben und erhitzen.
5. Die Puddingmilch einrühren und unter ständigem Rühren für 3 Minuten kochen lassen.
6. Vom Herd nehmen und die Ananaswürfel einrühren.
7. In 2 Schälchen füllen und für etwa 1 Stunde auskühlen lassen.

TIPPS UND TRICKS

Sie können den Pudding immer wieder mit anderen Früchten zubereiten.

Apfelkrapfen

einfach | 15 Minuten | 15 Minuten | 2 Portionen

Zutaten

Kokosöl zum Frittieren
2 reife Äpfel
120 ml Buttermilch
2 Eier
100 g Mehl
1 Messerspitze Weinstein-Backpulver
1 Messerspitze Vanillepulver
2 EL Maismehl
2 EL Honig

1. Das Kokosöl in einem Topf erhitzen oder in der Fritteuse auf 170 °C vorheizen.
2. Die Äpfel waschen, trocken tupfen und das Kerngehäuse mit einem Ausstecher entfernen.
3. Die Buttermilch mit den Eiern, dem Mehl, dem Weinstein-Backpulver und dem Vanillepulver in eine Schüssel geben und zu einem dickflüssigen Teig verrühren. Es sollten keine Klumpen im Teig sein.
4. Die Äpfel im Maismehl wenden.
5. Danach durch den Teig ziehen und im Kokosöl für etwa 2 Minuten goldbraun backen.
6. Aus dem Kokosöl fischen und auf einem Küchenpapier abtropfen lassen.
7. Zum Anrichten mit dem Honig nappieren.

Tipps und Tricks

Mit reifen Birnen lassen sich ebenfalls hervorragend Birnenkrapfen zubereiten.

Erdbeercreme

einfach | 10 Minuten | 70 Minuten | 2 Portionen

Zutaten

200 g Erdbeeren | 2 EL Honig | 1 EL Limettensaft | 200 ml Sahne | 1 Päckchen Sahnesteif | 2 TL geröstete Kokosraspeln

1. Die Erdbeeren waschen, trocken tupfen und das Grün wegschneiden. 3 Erdbeeren in kleine Würfel schneiden.
2. Die restlichen Erdbeeren mit dem Honig und dem Limettensaft in ein hohes Gefäß geben und mit einem Stabmixer fein pürieren.
3. Die Sahne mit dem Sahnesteif steif schlagen.
4. Das Erdbeerpüree mit den Erdbeerwürfeln und der Sahne vermengen.
5. In 2 Gläser füllen und für mindestens 1 Stunde kaltstellen.
6. Zum Anrichten mit den Kokosraspeln garnieren.

Tipps und Tricks

Die Creme lässt sich immer wieder mit anderen Früchten abwandeln.

SCHICHTDESSERT »REGENBOGEN«

einfach | 15 Minuten | 15 Minuten | 2 Portionen

Zutaten

300 g Quark | 1 EL Rohrzucker | 3 Erdbeeren | 3 Aprikosen | 50 g Brombeeren | 1 TL Chiasamen | 1 Kiwi | 20 g Butterkekse

1. Den Quark mit dem Rohrzucker verrühren.
2. Die Erdbeeren waschen, trocken tupfen, das Grün entfernen und die Früchte in kleine Stücke schneiden.
3. Die Aprikosen waschen, trocken tupfen, entsteinen und in dünne Spalten schneiden.
4. Die Brombeeren mit einer Gabel zerdrücken und mit den Chiasamen verrühren.
5. Kiwi schälen und in kleine Stücke schneiden.
6. Die Butterkekse grob zerbröseln.
7. Die Butterkekse in 2 Gläser geben und mit etwas Quark bedecken. Die Erdbeeren daraufgeben. Etwas Quark auf die Erdbeeren füllen. Die Aprikosen darübergeben und mit etwas Quark bedecken. Kiwi dazugeben und mit dem restlichen Quark bedecken. Die Gläser mit den zerdrückten Brombeeren abschließen.

TIPPS UND TRICKS

Sie können immer wieder mit anderen Früchten und Keksen bunte und gesunde Desserts zaubern. Sie können statt der Kekse auch Kuchen zerbröseln oder das Dessert mit Nüssen verfeinern.

SCHNELLE SCHOKOMOUSSE

einfach | 10 Minuten | 130 Minuten | 2 Portionen

Zutaten

50 g Mascarpone
2 EL Honig
2 EL Kakao
1 Messerspitze gemahlener Zimt
2 EL Schokotropfen
250 ml Sahne
1 Päckchen Sahnesteif
2 EL Schokoraspeln

1. Die Mascarpone mit dem Honig, dem Kakao, dem Zimt und den Schokotropfen verrühren.
2. Die Sahne mit dem Sahnesteif steif schlagen.
3. Die Sahne vorsichtig unter die Mascarponemischung heben.
4. In 2 Schalen füllen und für 2 Stunden im Kühlschrank kalt stellen.
5. Zum Anrichten mit den Schokoraspeln garnieren.

TIPPS UND TRICKS

Statt der Schokotropfen können Sie Zartbitterschokolade klein hacken und verwenden.

Auch die Schokoraspeln können Sie selbst aus der Zartbitterschokolade oder einer anderen Schokolade reiben.

Beerenkuchen

mittel | 30 Minuten | 3,5 Stunden | 1 Kuchen (ca. 10 Stück)

Zutaten

150 g weiche Butter
80 g feiner Rohrzucker
3 Eier
150 g Joghurt
150 g Mehl
1 TL Weinstein-Backpulver
1 Päckchen Vanillezucker
200 g Heidelbeeren
200 g Frischkäse
4 EL Honig
200 ml Sahne
1 Päckchen Sahnesteif
200 g Erdbeeren
200 g Himbeeren
100 g Brombeeren
1 Päckchen roter Tortenguss (optional)
Butter zum Einfetten der Backform (ca. 30 × 20 cm)

1. Backofen auf 175 °C Ober- und Unterhitze (oder 155 °C Umluft) vorheizen.
2. Die Butter mit dem Rohrzucker schaumig rühren.
3. Die Eier nach und nach einrühren.
4. Den Joghurt dazugeben und für 3 Minuten auf höchster Stufe rühren.
5. Das Mehl mit dem Weinstein-Backpulver und dem Vanillezucker beimengen und gut verrühren.
6. Die Heidelbeeren waschen, trocknen und vorsichtig in die Masse heben.
7. Die Masse in eine gebutterte Backform füllen. Den Teig glatt streichen.
8. Den Kuchen auf mittlerer Schiene für 50 Minuten backen.
9. Aus dem Ofen nehmen und auskühlen lassen.
10. Den Frischkäse mit dem Honig glatt rühren.
11. Die Sahne mit dem Sahnesteif steif schlagen und mit dem Frischkäse verrühren. Die Creme auf dem Kuchen verstreichen.
12. Die Erdbeeren, die Himbeeren und die Brombeeren auf der Creme verteilen.
13. Optional: Den Tortenguss laut Packungsanweisung zubereiten und über die Beeren gießen.
14. Den Beerenkuchen für mindestens 2 Stunden im Kühlschrank kalt stellen.

Schoko-Nuss-Kuchen

aufwendig | 30 Minuten | 2,5 Stunden | 1 Kuchen (ca. 10 Stück)

Zutaten

5 Eier
150 g Rohrzucker
200 g Joghurt
130 g Mehl
130 g geriebene Walnüsse
1 Päckchen Weinstein-Backpulver
1 Päckchen Vanillezucker
2 EL Kakao
1 TL gemahlener Zimt
1 kleine Prise Salz
50 g Schokotropfen
100 g Zartbitterschokolade
4 EL Sahne
100 g bunte Schokolinsen
Butter zum Einfetten einer runden Backform

1. Backofen auf 170 °C Ober- und Unterhitze (oder 150 °C Umluft) vorheizen.
2. Die Eier mit dem Rohrzucker in der Küchenmaschine schaumig rühren, bis die Masse fast weiß ist.
3. Den Joghurt dazugeben und für 3 Minuten weiterschlagen.
4. Das Mehl mit den Walnüssen, dem Weinstein-Backpulver, dem Vanillezucker, dem Kakao, dem Zimt und dem Salz in eine Schüssel geben und vermischen.
5. Die trockenen Zutaten und die Schokotropfen zur Eimasse geben und verrühren.
6. Eine runde Backform gut mit Butter einfetten und die Masse einfüllen. Mit einer Teigkarte den Teig glatt streichen. Auf mittlerer Schiene für 50 Minuten backen.
7. Den Kuchen aus dem Ofen nehmen und auskühlen lassen.
8. Die Zartbitterschokolade mit der Sahne über einem heißen Wasserbad langsam schmelzen lassen.
9. Den Kuchen mit der Schokolade überziehen und mit den bunten Schokolinsen bestreuen.
10. Den Schoko-Nuss-Nuchen für 1 Stunde in den Kühlschrank stellen.

Tipps und Tricks

Dieser Kuchen eignet sich hervorragend für eine selbst gemachte Geburtstagstorte: Einfach mit den bunten Schokolinsen die Zahl vom Geburtstag auflegen.

Für eine schöne Schokoglasur rühren Sie beim Schmelzen bitte nicht zu viel Luft unter die Schokolade, damit sich keine Bläschen bilden.

Schmelzen Sie die Schokolade langsam und portionsweise (nicht alles auf einmal) und nicht zu heiß. Testen Sie am besten mit dem Fingerrücken: Die Schokolade soll sich nicht heiß anfühlen.

Statt Schokotropfen können Sie Zartbitterschokolade klein hacken und verwenden.

BISKUITROULADE MIT QUARKFÜLLUNG

mittel | 30 Minuten | 2,5 Stunden | 1 Kuchen (ca. 10 Stück)

Zutaten

5 Eier
80 g Rohrzucker
120 g Mehl
½ TL Weinstein-Backpulver
80 g Aprikosenkonfitüre
300 g Magerquark
4 EL Honig
1 TL Vanillezucker
2 Blätter Gelatine
300 g Erdbeeren
Saft von 1 Zitrone
200 ml Sahne
1 EL Sahnesteif
Puderzucker zum Bestäuben

1. Backofen auf 180 °C Ober- und Unterhitze (oder 160 °C Umluft) vorheizen.
2. Die Eier trennen und das Eiweiß steif schlagen.
3. Die Eigelbe mit dem Rohrzucker gut schaumig rühren.
4. Das Mehl und das Weinstein-Backpulver in die Dottermasse einrühren.
5. Ein Drittel vom Eischnee einrühren und den restlichen Eischnee vorsichtig unterheben.
6. Ein Backblech mit Backpapier auslegen. Die Masse auf dem Backblech verstreichen (ca. 1 cm dick). Den Biskuit im Ofen für 12 Minuten backen.
7. Aus dem Backofen nehmen, mit einem feuchten Küchentuch belegen und einrollen. Beim Einrollen das Backpapier vorsichtig abziehen und auch außen mit einem feuchten Küchentuch belegen und auskühlen lassen.
8. In der Zwischenzeit den Magerquark mit der Aprikosenkonfitüre, dem Honig und dem Vanillezucker glatt rühren.
9. Die Blattgelatine im kalten Wasser einweichen.
10. Die Erdbeeren waschen, trocken tupfen, das Grün entfernen und die Früchte in kleine Würfel schneiden.
11. Den Zitronensaft leicht erwärmen und die Gelatine darin auflösen. Die Gelatine und die Erdbeeren in den Magerquark rühren.
12. Die Sahne mit dem Sahnesteif steif schlagen und vorsichtig unter den Quark heben.
13. Die Biskuitrolle wieder ausrollen. Die Quarkmasse darauf verstreichen, wieder einrollen und im Kühlschrank für mindestens 1 Stunde kalt stellen.
14. Zum Servieren mit dem Puderzucker bestäuben.

TIPPS UND TRICKS

Falls etwas Creme übrig ist, die Roulade damit einstreichen.

Cupcakes mit rosa oder blauem Topping

mittel | 25 Minuten | 45 Minuten | 4 Cupcakes

Zutaten

50 g weiche Butter
2 EL Rohrzucker
1 Ei
2 EL Joghurt
60 g Mehl
½ TL Weinstein-Backpulver
½ TL Vanillezucker
2 EL Blaubeeren
100 g Frischkäse
2 EL Sahne
1 Spritzer Zitronensaft
1 EL Puderzucker
2 EL blaue oder rosa Lebensmittelfarbe

1. Backofen auf 180 °C Ober- und Unterhitze (oder 160 °C Umluft) vorheizen.
2. Die Butter mit dem Rohrzucker schaumig rühren.
3. Das Ei einrühren. Den Joghurt dazugeben und für 5 Minuten auf höchster Stufe weiterrühren.
4. Das Mehl mit dem Weinstein-Backpulver und dem Vanillezucker vermischen und unterrühren.
5. Die Blaubeeren vorsichtig einarbeiten.
6. Die Masse in 4 Muffinförmchen füllen und auf mittlerer Schiene für 15 Minuten backen. Aus dem Ofen nehmen und auskühlen lassen.
7. Den Frischkäse mit der Sahne, dem Zitronensaft, dem Puderzucker und mit der rosa oder blauen Lebensmittelfarbe glatt rühren.
8. In einen Spritzbeutel mit einer Sterntülle füllen und auf die ausgekühlten Muffins spritzen.

Tipps und Tricks

Sie können die Lebensmittelfarben nach Belieben variieren oder sogar die Creme verschiedenfarbig (zum Beispiel blau und rosa) aufteilen.

Die Creme können Sie optional mit Zuckerstreuseln oder Früchten garnieren: ein echter Hingucker auf jeder Kinder- oder Baby-Party!

ABENDESSEN

Das Abendessen ist während der Woche meist die einzige Zeit, zu der die ganze Familie zusammenkommt und gemeinsam am Tisch sitzt. Kinder lieben es, wenn es nett hergerichtete Teller gibt und alle Spaß haben. Wer möchte da nicht noch mal Kind sein? Die Rezepte sind so konzipiert, dass sie für die ganze Familie geeignet sind. Sie können die Standardportionsgrößen für 2 Personen jederzeit verdoppeln oder nach Belieben erhöhen. Wählen Sie aus einer Vielfalt an Rezepten für einen ausgewogenen Speiseplan.

KÜRBISCREMESUPPE MIT PARMESAN

einfach | 15 Minuten | 45 Minuten | 2 Portionen

Zutaten

200 g Kürbisfleisch | 1 Schalotte | 1 EL Butter | 380 ml Gemüsebrühe | 10 g Parmesan | 50 ml Sahne | 50 g Schmand | 1 TL gehackte Petersilie

1. Kürbisfleisch in Würfel schneiden. Schalotte schälen und grob hacken.
2. Schalotte in Butter glasig braten und Kürbisfleisch dazugeben. Mit Gemüsebrühe auffüllen und 20 Minuten köcheln lassen.
3. Parmesan in kleine Stücke schneiden oder mit der Küchenreibe hobeln. In die Suppe geben und für weitere 10 Minuten kochen lassen.
4. Schmand und Sahne dazugeben, verrühren und anschließend pürieren.
5. Mit Petersilie bestreut servieren.

CREMIGE KARTOFFELSUPPE MIT WÜRSTCHEN

einfach | 15 Minuten | 40 Minuten | 2 Portionen

Zutaten

400 g Kartoffeln | 2 Möhren | ½ Stange Porree | 1 TL Butter | 500 ml Gemüsebrühe | 1 TL Sahne | Kräutersalz | 1 Prise weißer Pfeffer | 2 Würstchen (optional) | 1 EL gehackte Petersilie

1. Kartoffeln und Möhren schälen und würfelig schneiden. Porree waschen und klein schneiden.
2. Butter in einem Topf erhitzen und das Gemüse unter ständigem Rühren für ca. 5 Minuten andünsten.
3. Gemüsebrühe dazugeben, aufkochen lassen und für weitere 30 Minuten köcheln lassen. Danach alles mit dem Stabmixer pürieren .
4. Mit Sahne, Kräutersalz und Pfeffer abschmecken und gut verrühren.
5. Würstchen in Scheiben schneiden und in den Topf dazugeben. Noch einmal 5 Minuten köcheln lassen.
6. Die Suppe in 2 Suppenschalen anrichten und mit der Petersilie bestreuen.

TIPPS UND TRICKS

Die Kartoffelsuppe kann auch ohne Würstchen, also vegetarisch, zubereitet werden.

Bunter Kinder-Nudelsalat

einfach | 30 Minuten | 60 Minuten | 2 Portionen

Zutaten

125 g Spiralnudeln
1 Handvoll TK-Erbsen
1 Möhre
½ Gurke
½ Apfel
100 g Emmentaler
100 g Fleischwurst (optional)
4 Kirschtomaten
80 g Brokkoli-Röschen
1 EL Olivenöl
½ EL Ketchup
100 g Naturjoghurt (optional)
½ TL Senf
1 Prise Kräutersalz
1 Prise Pfeffer
¼ TL Paprikapulver

1. Spiralnudeln nach Packungsanweisung bissfest kochen und ca. 3 Minuten vor Ende der Kochzeit die TK-Erbsen dazugeben. Gemeinsam abgießen und auskühlen lassen.
2. Möhre schälen und in kleine Würfel schneiden oder raspeln.
3. Gurke und Apfel waschen. Apfel entkernen. Gurke, Apfel und Emmentaler in kleine Würfel schneiden. Kirschtomaten waschen und halbieren. Alles in einer großen Schüssel vermischen.
4. Optional: Fleischwurst klein würfeln und dazugeben.
5. Brokkoli-Röschen waschen, trocken tupfen und mit den Nudeln in die Schüssel geben.
6. Olivenöl, Ketchup, optional Naturjoghurt und Senf verrühren. Ebenfalls in die Schüssel geben und alles gut vermischen.
7. Mit Kräutersalz, Pfeffer und Paprikapulver abschmecken und im Kühlschrank mindestens für 30 Minuten, besser über Nacht, durchziehen lassen.

Tipps und Tricks

Wenn der Nudelsalat über Nacht einziehen kann, schmeckt er am besten.

SALAT AM SPIESS

einfach | 15 Minuten | 15 Minuten | 2 Portionen

Zutaten

200 g Halloumi (Grillkäse) | 250 g Kirschtomaten | Kräutersalz | 3 EL Olivenöl | ½ Bund Basilikum | 1 EL milder Balsamico-Essig | 2 EL geröstete Pinienkerne | ½ TL Thymian

1. Den Halloumi in 2 cm große Stücke schneiden. Die Kirschtomaten waschen und trocknen.
2. Käse und Tomaten abwechselnd auf 4 kleine Spieße stecken.
3. Mit dem Kräutersalz würzen und mit etwas Olivenöl einpinseln.
4. Eine Grillpfanne stark erhitzen und die Spieße für etwa 1 Minute je Seite darin grillen.
5. Das Basilikum waschen und trocken schleudern.
6. Das restliche Olivenöl mit dem Basilikum, dem Balsamicoessig und etwas Kräutersalz in ein hohes Gefäß geben und mit einem Stabmixer pürieren.
7. Die Spieße anrichten und mit dem Basilikumdressing beträufeln. Mit den Pinienkernen und dem Thymian garnieren.

TIPPS UND TRICKS

Dazu schmeckt ein knuspriges Weißbrot wunderbar.

HÜHNERFRIKASSEE MIT ERBSEN

einfach | 10 Minuten | 30 Minuten | 2 Portionen

Zutaten

280 g Hühnerbrust ohne Haut | 100 g Möhren | 250 ml Gemüsebrühe | 1 Lorbeerblatt | 100 ml Sahne | 150 g Erbsen | Kräutersalz | 1 Prise weißer Pfeffer | 1 TL Maismehl | 2 EL saure Sahne | 2 EL Schnittlauchringe

1. Die Hühnerbrüste waschen, trocken tupfen und in 2 cm große Würfel schneiden.
2. Möhren schälen und in dünne Scheiben schneiden.
3. Die Gemüsebrühe mit dem Lorbeerblatt in einem Topf erhitzen.
4. Die Hühnerwürfel in der Gemüsebrühe für 10 Minuten bei mittlerer Hitze garen.
5. Mit der Sahne aufgießen, Erbsen und Möhren dazugeben. Mit Kräutersalz und Pfeffer würzen. Für weitere 5 Minuten köcheln lassen.
6. Das Maismehl mit der sauren Sahne verrühren und in den Topf einrühren. Ein weiters Mal kurz aufkochen lassen.
7. Zum Anrichten mit dem Schnittlauch bestreuen.

TIPPS UND TRICKS

Reis ist eine klassische Beilage dazu.

GERÖSTETE KARTOFFELN MIT BRATWURST

einfach | 20 Minuten | 1 Tag | 2 Portionen

Zutaten

300 g Kartoffeln | 1 rote Zwiebel | 1 Zehe Knoblauch | 2 Bratwürste | 1 EL Kokosöl | 2 Eier (optional) | Kräutersalz | 1 TL Majoran | 1 Prise gemahlener Kreuzkümmel | 2 EL gehackter Dill

1. Die Kartoffeln waschen, weich kochen, schälen und am besten über Nacht in den Kühlschrank stellen.
2. Die Zwiebel und den Knoblauch schälen und klein schneiden. Die Bratwürste in Scheiben schneiden. Die Kartoffeln ebenfalls in Scheiben schneiden. Das Kokosöl in einer großen Pfanne erhitzen. Die Bratwürste darin scharf anbraten. Aus der Pfanne nehmen und beiseite stellen.
3. Die Kartoffeln in derselben Pfanne goldbraun anrösten, aus der Pfanne nehmen und zu den Bratwürsten legen.
4. Die Zwiebel mit dem Knoblauch in der Pfanne anschwitzen. Die Bratwürste und die Kartoffeln zurück in die Pfanne geben.
5. Optional: Die Eier verrühren und über die Kartoffeln gießen. Mit Kräutersalz, Majoran und Kreuzkümmel würzen. Die Eier stocken lassen.
6. Zum Anrichten mit dem Dill bestreuen.

Fleischkäse mit Ei und Püree

einfach | 25 Minuten | 60 Minuten | 2 Portionen

Zutaten

200 g Kartoffeln | 2 Tomaten | 2 Salatblätter | 50 ml Milch | 3 EL Butter | Kräutersalz | 1 Prise Muskatnuss | 1 EL Kokosöl | 2 Scheiben Fleischkäse à 120 g | 2 Eier

1. Die Kartoffeln waschen, schälen und im Topf kochen oder im Dampfgarer für 35 Minuten weich dämpfen. Tomaten waschen, Strunk entfernen und vierteln. Salatblätter waschen und trocken tupfen.
2. Die heißen Kartoffeln durch eine Kartoffelpresse in einen Topf pressen und mit der Milch und der Butter verrühren. Mit Kräutersalz und Muskatnuss würzen.
3. Eine Pfanne mit dem Kokosöl erhitzen und den Fleischkäse in die Pfanne legen.
4. Nach dem Wenden die Eier in die Pfanne schlagen und zu Spiegeleiern braten.
5. Den Fleischkäse auf den Tellern anrichten.
6. Kartoffelpüree, Spiegeleier, Tomaten und Salatblätter auf den Tellern anrichten.

KÖTTBULLAR IN SOSSE

einfach | 20 Minuten | 35 Minuten | 2 Portionen

Zutaten

250 g Rinderhack
2 Scheiben Toastbrot ohne Rinde
1 Ei
1 TL Senf
Kräutersalz
1 EL Kokosöl
1 TL Mehl
150 ml Gemüsebrühe
150 ml Sahne
1 TL Gewürzpaste
2 TL Preiselbeerkonfitüre

1. Die Toastscheiben in kleine Stücke schneiden.
2. Das Hackfleisch mit den Toastwürfeln, dem Ei, dem Senf und dem Kräutersalz in eine Schüssel geben und verkneten.
3. Mit feuchten Händen aus der Masse kleine Bällchen formen.
4. Die Hackbällchen in der Heißluftfritteuse oder im Ofen bei 200 °C für 15 Minuten braten.
5. Das Kokosöl in einem kleinen Topf erhitzen.
6. Das Mehl dazugeben, mit einem Schneebesen verrühren und braun rösten. Mit der Gemüsebrühe und der Sahne aufgießen. Unter kräftigem Rühren die Soße für 3 Minuten kochen lassen.
7. Mit der Gewürzpaste abschmecken.
8. Die Hackbällchen anrichten mit der Soße übergießen und die Preiselbeerkonfitüre dazugeben.

TIPPS UND TRICKS

Kartoffelpüree oder Reis passen sehr gut als Beilage dazu.

ZARTE RINDERROULADE MIT GEMÜSE

aufwendig | 45 Minuten | 60 Minuten | 2 Portionen

Zutaten

2 Scheiben Rindschnitzel à 150 g
Kräutersalz
2 TL Senf
2 Scheiben Schinken
2 Gewürzgurken
¼ Möhre
30 g Sellerie
1 EL Kokosöl
250 g zartes Gemüse, aufgetaut
2 EL Kräuterbutter
grüner Salat

1. Die Rindschnitzel zwischen zwei Klarsichtfolien legen und dünn klopfen.
2. Mit etwas Kräutersalz würzen. Mit dem Senf einstreichen und mit dem Schinken belegen.
3. Die Gewürzgurken, die geschälte Möhre und den geschälten Sellerie in feine Streifen schneiden. Auf den Schinken legen und die Roulade einrollen. Die Roulade mit kleinen Spießchen fixieren.
4. Das Kokosöl in einer Pfanne erhitzen und die Roulade rundherum scharf anbraten.
5. Auf den Ofenrost legen und im vorgeheizten Backofen bei 120 °C Ober- und Unterhitze (oder 100 °C Umluft) für 15 Minuten fertig garen.
6. Das zarte Gemüse mit der Kräuterbutter in eine Pfanne geben und erhitzen, gegebenenfalls mit etwas Kräutersalz abschmecken.
7. Salat waschen, trocken tupfen oder schleudern und mit Salatdressing (siehe Basisrezepte) übergießen.
8. Die Rouladen mit dem Gemüse anrichten.

TIPPS UND TRICKS

Da dieses Gericht aufwendiger ist, könnten Sie gleich mehrere Portionen vorkochen und im Kühlschrank für einen Tag aufbewahren oder auch zum Einfrieren mehrere Portionen mitkochen.

Gefrorene Rinderrouladen am Vortag in den Kühlschrank legen und am nächsten Tag nurmehr im Dampfgarer oder in der Pfanne aufwärmen.

Naturschnitzel mit Kräutersosse und Spiralnudeln

aufwendig | 20 Minuten | 25 Minuten | 2 Portionen

Zutaten

100 g Spiralnudeln
2 Putenschnitzel à 130 g
Kräutersalz
1 EL Butter
1 TL Mehl
150 ml Gemüsebrühe
100 g Kräuterfrischkäse
2 EL gehackte Petersilie
1 Prise Pfeffer

1. Die Nudeln laut Packungsanweisung in reichlich Salzwasser kochen.
2. Währenddessen die Putenschnitzel waschen, trocken tupfen und mit Kräutersalz würzen.
3. Die Butter in einer Pfanne aufschäumen. Die Putenschnitzel darin für 2 Minuten je Seite braten. Die Schnitzel aus der Pfanne nehmen und beiseite legen.
4. Den Bratenrückstand mit dem Mehl stauben, mit der Gemüsebrühe aufgießen und mit einem Schneebesen verrühren.
5. Den Kräuterfrischkäse einrühren und für 3 Minuten köcheln lassen.
6. Die Petersilie dazugeben, mit Kräutersalz und Pfeffer würzen.
7. Die Putenschnitzel wieder in die Pfanne legen und für weitere 3 Minuten in der Soße ziehen lassen.
8. Naturschnitzel mit den Nudeln und der Kräutersoße auf 2 Tellern anrichten.

HASCHEE-HÖRNCHEN

einfach | 20 Minuten | 25 Minuten | 2 Portionen

Zutaten

130 g Hörnchennudeln | 1 rote Zwiebel | 1 Zehe Knoblauch | 1 TL Kokosöl | 250 g gemischtes Hackfleisch | 1 TL mildes Paprikapulver | 1 TL Oregano | 150 ml kräftige Gemüsebrühe | 1 EL Gewürzpaste | 2 EL saure Sahne (optional) | 2 TL Schnittlauchringe

1. Die Hörnchennudeln laut Packungsanweisung in reichlich Salzwasser kochen.
2. Die Zwiebel und den Knoblauch schälen und klein schneiden.
3. Das Kokosöl in einer Pfanne erhitzen und die Zwiebel mit dem Knoblauch goldbraun anbraten.
4. Das Hackfleisch dazugeben und mitrösten.
5. Das Paprikapulver und den Oregano in die Pfanne geben und mit der Gemüsebrühe aufgießen. Mit der Würzpaste würzen. Die Brühe fast vollständig einkochen lassen.
6. Die Hörnchen untermischen.
7. Zum Anrichten die saure Sahne (optional) darauf platzieren und mit dem Schnittlauch bestreuen.

Sloppy Joe – »Schlampiger Burger«

einfach | 15 Minuten | 20 Minuten | 2 Portionen

Zutaten

1 rote Zwiebel | 200 g gemischtes Hackfleisch | 1 EL Kokosöl | 3 EL Ketchup | 15 g passierte Tomaten | 1 Gewürzgurke | Kräutersalz | 1 Prise Pfeffer | ½ TL Majoran | 30 g geriebener Käse | 2 Burgerbrötchen

1. Die Zwiebel schälen und fein würfeln.
2. Zwiebel mit dem Hackfleisch im heißen Kokosöl scharf anbraten.
3. Das Ketchup und die passierten Tomaten dazugeben. Bei mittlerer Hitze für 10 Minuten köcheln lassen.
4. Die Gewürzgurke in feine Würfel schneiden. Die Gürkchen dazugeben und mit Kräutersalz, Pfeffer und Majoran würzen.
5. Die Brötchen aufschneiden und in einer Pfanne mit der Schnittfläche nach unten leicht anbraten.
6. Zum Anrichten das Hackfleisch auf den beiden Brötchen verteilen, mit dem Käse bestreuen und mit dem Burgerdeckel bedecken.

HAWAII-SCHNITZEL

einfach | 15 Minuten | 20 Minuten | 2 Portionen

Zutaten

2 Putenschnitzel à 130 g | Kräutersalz | 1 TL Kokosöl | 4 dünne Scheiben Geflügelschinken | 100 g Ananas | 4 Scheiben Emmentaler | 4 Kirschen (oder Cocktailkirschen) zum Garnieren

1. Die Putenschnitzel waschen, trocken tupfen und dünn klopfen. Mit dem Kräutersalz würzen und im heißen Kokosöl für 2 Minuten je Seite braten.
2. Backofen auf 220 °C Ober- und Unterhitze (oder 200 °C Umluft) vorheizen.
3. Die Putenschnitzel in breite Streifen schneiden und auf ein mit Backpapier ausgelegtes Backblech legen. Den Geflügelschinken auf die Schnitzelstreifen legen.
4. Die Ananas in kleine Würfel schneiden. Die Ananaswürfel auf dem Schinken verteilen und mit dem Emmentaler belegen.
5. Die Hawaii-Schnitzel für 6–8 Minuten garen.
6. Aus dem Ofen nehmen und mit den Kirschen (oder Cocktailkirschen) garnieren.

SCHNELLE FISCHPFANNE

einfach | 15 Minuten | 25 Minuten | 2 Portionen

Zutaten

2 Möhren | 1 Zwiebel | 2 Fischfilets nach Wahl | 1 EL Kokosöl | etwas Kräutersalz und Pfeffer zum Abschmecken | 200 g Schmand | etwas Frischkäse | 1 EL frischer Dill

1. Möhren schälen und grob raspeln. Zwiebel schälen und fein würfeln. Fischfilets abwaschen, trocken tupfen und in mundgerechte Würfel schneiden.
2. Möhren und Zwiebel in einer Pfanne mit dem Kokosöl goldbraun anrösten.
3. Fischwürfel hinzufügen und auch anrösten.
4. Mit Kräutersalz und Pfeffer verfeinern und mit dem Schmand ablöschen. Mit etwas Frischkäse abschmecken und ca. 10 Minuten gar ziehen lassen.
5. Zum Servieren mit frischem Dill dekorieren.

TIPPS UND TRICKS

Nudeln, Kartoffeln oder Reis passen sehr gut zur Fischpfanne.

Statt Petersilie können Sie gerne mit anderen frischen Kräutern variieren.

LACHS MIT BUNTEM GEMÜSE

einfach | 15 Minuten | 30 Minuten | 2 Portionen

Zutaten

2 Lachsfilets ohne Haut à 150 g | 1 EL Olivenöl | Kräutersalz | 120 g Möhren | 120 g Blumenkohl | 80 g Brokkoli | 1 l Gemüsebrühe | 2 EL Mandelblättchen | etwas Butter zum Einfetten der Auflaufform (ca. 30 × 20 cm)

1. Den Lachs waschen, trocken tupfen, mit Olivenöl einpinseln und mit dem Kräutersalz würzen. Den Lachs in eine gebutterte Auflaufform legen und mit Folie verschließen. Im Backofen bei 70 °C Ober- und Unterhitze (oder 50 °C Umluft) für 15 Minuten garen.
2. Die Möhren schälen und in Scheiben schneiden. Den Blumenkohl und den Brokkoli putzen und in Röschen schneiden. Gemüse 15 Minuten in der Gemüsebrühe in einem Topf kochen oder im Dampfgarer garen.
3. Zum Anrichten die Röschen mit den Mandelblättchen bestreuen.

KLASSISCHES RISOTTO

einfach | 10 Minuten | 35 Minuten | 2 Portionen

Zutaten

1 Schalotte | 1 EL Butter | ½ TL fein geriebene Safranfäden | 120 g Risottoreis | 2 EL Zitronensaft | 300 ml warme Gemüsebrühe | Kräutersalz | 40 g geriebener Parmesan

1. Die Schalotte schälen und fein würfeln.
2. Die Butter in einem Topf erhitzen, die Schalotte darin hell anschwitzen und Safran hinzugeben.
3. Den Risottoreis dazugeben und für 2 Minuten andünsten.
4. Mit dem Zitronensaft ablöschen. Die Gemüsebrühe nach und nach aufgießen.
5. Wenn der Risottoreis gar ist (bei schwacher Hitze etwa 20 Minuten unter gelegentlichem Umrühren mit Deckel quellen lassen), den Topf vom Herd nehmen.
6. Den Parmesan einrühren und mit Kräutersalz abschmecken.

TIPPS UND TRICKS

Mit einem gemischten Salat servieren.

Variante »Risi Bisi«: 5 Minuten vor Ende der Garzeit zusätzlich 75 g TK-Erbsen unter den Reis mischen und fertig garen.

GNOCCHI MIT TOMATE, NUSS UND RUCOLA

einfach | 10 Minuten | 15 Minuten | 2 Portionen

Zutaten

200 g Gnocchi (aus dem Kühlregal) | 1 EL Butter | ½ TL Rosmarin | 50 g Cashew-Kerne | 100 g Kirschtomaten | Kräutersalz | 1 Prise Pfeffer | 20 g Rucola | etwas geriebener Parmesan

1. Die Gnocchi laut Packungsanweisung in reichlich Salzwasser kochen. Abseihen und leicht ausdämpfen lassen.
2. Die Butter in einer Pfanne aufschäumen und die gekochten Gnocchi mit dem Rosmarin und den Cashew-Kernen darin anbraten.
3. Die Tomaten dazugeben und für 2 Minuten braten. Mit Kräutersalz und Pfeffer würzen.
4. Zum Anrichten den grob gehackten Rucola und den Parmesan darüberstreuen.

Kichererbseneintopf

einfach | 15 Minuten | 15 Minuten | 2 Portionen

Zutaten

1 Schalotte | 1 Zehe Knoblauch | 1 TL Kokosöl | 1 TL mildes Currypulver | 1 Messerspitze gemahlene Fenchelsamen | 1 Prise gemahlener Kreuzkümmel | 200 g stückige Tomaten | 100 ml Kokosmilch | 250 g Kichererbsen (gekocht oder aus der Dose) | 1 TL Gewürzpaste | 50 g frischer Blattspinat

1. Die Schalotte und den Knoblauch schälen und klein schneiden.
2. Das Kokosöl in einem Topf erhitzen und die Schalotte mit dem Knoblauch darin anschwitzen. Das Currypulver, die Fenchelsamen und den Kreuzkümmel kurz mitbraten.
3. Mit den Tomaten und der Kokosmilch auffüllen. Die Kichererbsen dazugeben und bei mittlerer Hitze für 8 Minuten köcheln lassen.
4. Mit der Gewürzpaste abschmecken und eine Minute vor dem Anrichten den Spinat untermischen.

Schupfnudeln mit Käsesoße

einfach | 30 Minuten | 60 Minuten | 2 Portionen

Zutaten

300 g mehlige Kartoffeln
50 g Mehl
2 EL Maismehl
1 Ei
Kräutersalz
1 Prise Muskatnuss
1 Schalotte
1 TL Butter
1 EL Zitronensaft
200 ml Gemüsebrühe
100 g Frischkäse
80 g geriebener Gouda
Schnittlauchringe zum Bestreuen

1. Die Kartoffeln waschen, schälen, in 4 cm große Stücke schneiden und im Topf oder im Dampfgarer für etwa 25–30 Minuten weich garen. Die Kartoffeln herausnehmen und gut ausdämpfen lassen.
2. Die etwas abgekühlten Kartoffeln durch eine Kartoffelpresse in eine Schüssel drücken und mit dem Mehl, dem Maismehl, dem Ei, dem Kräutersalz und der Muskatnuss verkneten.
3. Eine Arbeitsfläche mit etwas Mehl bestäuben und den Teig zu einer 3 cm dicken Rolle formen. Mit einem Messer 1 cm Stücke abschneiden und diese mit leicht bemehlten Händen zu kleinen Würstchen rollen. Die Enden sollten leicht spitz zusammen gehen.
4. Die Schupfnudeln in reichlich Salzwasser für etwa 6 Minuten kochen lassen. Aus dem Wasser nehmen und beiseite stellen.
5. Die Schalotte schälen, fein würfeln und in der heißen Butter hell anschwitzen Mit dem Zitronensaft ablöschen. Mit der Gemüsebrühe aufgießen und den Frischkäse einrühren. Für 2 Minuten kochen lassen.
6. Den Gouda dazugeben und schmelzen lassen.
7. Mit Kräutersalz abschmecken. Vom Herd nehmen und die Schupfnudel in die Soße geben und für 2 Minuten darin ziehen lassen.
8. Zum Anrichten mit dem Schnittlauch bestreuen.

MAC ,N' CHEESE (KÄSEMAKKARONI)

einfach | 15 Minuten | 25 Minuten | 2 Portionen

Zutaten

120 g Makkaroni
1 TL Butter
1 TL Mehl
150 ml Milch
100 ml Sahne
½ TL Senf
50 g geriebener junger Cheddar
60 g Emmentaler
Kräutersalz
1 Messerspitze mildes Paprikapulver
2 EL grobes Paniermehl
etwas Butter zum Einfetten einer Auflaufform (ca. 30 × 20 cm)

1. Die Makkaroni laut Packungsanweisung kochen.
2. Backofen auf 200 °C Ober- und Unterhitze (oder 180 °C Umluft) vorheizen.
3. Die Butter in einem Topf erhitzen, das Mehl dazugeben und verrühren. Leicht anschwitzen lassen und mit der Milch und der Sahne aufgießen. Einmal aufkochen lassen und vom Herd nehmen.
4. Den Senf, den Käse, das Kräutersalz und das Paprikapulver dazugeben und verrühren, bis der Käse geschmolzen ist.
5. Die Nudeln untermischen.
6. Die Käsenudeln in eine gebutterte Auflaufform geben und mit dem Paniermehl bestreuen. Auf mittlerer Schiene für 8 Minuten backen.

TIPPS UND TRICKS

Ein grüner Salat schmeckt erfrischend gut dazu.

GEMÜSELASAGNE

aufwendig | 45 Minuten | 80 Minuten | 2 Portionen

Zutaten

1 rote Zwiebel
1 Zehe Knoblauch
½ Möhre
1 Stangensellerie
100 g Blumenkohl
100 g Brokkoli
1 TL Olivenöl
1 TL Tomatenmark
250 g stückige Tomaten
1 TL getrockneter Oregano
1 EL Gewürzpaste
120 g Lasagneblätter
200 g Frischkäse
150 g geriebener Käse
ein wenig Butter zum Ausfetten der Auflaufform (ca. 20 × 12 cm)

1. Backofen auf 180 °C Ober- und Unterhitze (oder 160 °C Umluft) vorheizen.
2. Die Zwiebel und den Knoblauch schälen und klein schneiden. Die Möhre waschen, trocken tupfen und grob raspeln. Den Stangensellerie in feine Würfel schneiden. Den Blumenkohl und den Brokkoli mit der Hand klein oder in einer Küchenmaschine mit Flügelmesser grob hacken.
3. Das Olivenöl in einem Topf erhitzen und die Zwiebel mit dem Knoblauch anschwitzen.
4. Die Möhren, den Stangensellerie, den Blumenkohl, den Brokkoli dazugeben und mitbraten.
5. Das Tomatenmark dazugeben und rösten, bis es zu duften beginnt.
6. Mit den stückigen Tomaten auffüllen und mit Oregano und der Gewürzpaste würzen. Bei mittlerer Hitze für 5 Minuten köcheln.
7. Eine Auflaufform mit Lasagneblättern auslegen und mit etwas Gemüsebolognese bedecken.
8. 1–2 EL Frischkäse darauf verstreichen und mit etwas Käse bestreuen.
9. Das Ganze wiederholen, bis alle Komponenten aufgebraucht sind. Wichtig ist nur, dass die letzte Schicht Käse ist.
10. Die Lasagne für 35 Minuten goldbraun backen.

GEMÜSEPFANNKUCHEN

mittel | 20 Minuten | 20 Minuten | 2 Portionen

Zutaten

125 ml Milch | 3 EL Mehl | 2 Eier | Kräutersalz | 1 EL Butter | 1 Schalotte | 80 g Zucchini | 80 g Kräuterseitlinge | 80 g Erbsen | 80 g Mais | 1 TL Kokosöl | 150 g Kräuterfrischkäse | 1 EL gehackte Petersilie | 1 Prise gemahlener Kreuzkümmel

1. Die Milch mit dem Mehl, den Eiern, und dem Kräutersalz glatt rühren.
2. Die Butter in einer Pfanne erhitzen und aus dem Teig 4 Pfannkuchen backen, 90 Sekunden je Seite.
3. Die Schalotte schälen und klein schneiden. Die Zucchini waschen, trocken tupfen und in 1 cm große Würfel schneiden. Die Kräuterseitlinge putzen und in 1 cm große Würfel schneiden.
4. Kokosöl in der Pfanne erhitzen. Die Schalotte, die Zucchini, die Kräuterseitlinge, die Erbsen und den Mais in die Pfanne geben. Den Kräuterfrischkäse einrühren und mit etwas Kräutersalz, Petersilie und Kreuzkümmel würzen.
5. Das cremige Gemüse auf den Pfannkuchen verstreichen und einrollen.

Gebratene Gemüseburger

einfach | 20 Minuten | 50 Minuten | 2 Portionen

Zutaten

160 g Kartoffeln | ¼ Zucchini | ¼ Möhre | 30 g Mais | 2 EL Kichererbsenmehl | 3 EL Haferflocken | 2 EL gehackte Petersilie | Kräutersalz | 1 Prise Muskatnuss | Kokosöl zum Braten

1. Die Kartoffeln waschen und mit der Schale weich kochen. Abschrecken, schälen und durch eine Kartoffelpresse drücken.
2. Die Zucchini und die Möhre waschen, trocken tupfen und raspeln.
3. Durchgedrückte Kartoffeln, Zucchini und Möhre mit den restlichen Zutaten in eine Schüssel geben und gut vermischen. Die Masse für 10 Minuten ruhen lassen.
4. Das Kokosöl in einer Pfanne erhitzen.
5. Mit befeuchteten Händen aus der Masse 6 kleine Frikadellen formen. Bei mittlerer Hitze für 3 Minuten je Seite braten.

BLUMENKOHL-STEAK MIT SÜSSKARTOFFELPOMMES

mittel | 15 Minuten | 40 Minuten | 2 Portionen

Zutaten

300 g Blumenkohl | 3 EL Rapsöl | 1 EL Apfelessig | ½ TL mildes Paprikapulver | Kräutersalz | etwas Pfeffer | 300 g Süßkartoffel | 2 EL Sojasoße | 1 TL Majoran

1. Backofen auf 170 °C Ober- und Unterhitze (oder 150 °C Umluft) vorheizen.
2. Aus der Blumenkohlmitte 2 Scheiben à 2 cm Dicke schneiden.
3. 2 EL Rapsöl mit dem Apfelessig, dem Paprikapulver, Kräutersalz und Pfeffer in einer Schale verrühren und die Blumenkohlsteaks auf beiden Seiten damit einpinseln.
4. Die Süßkartoffeln schälen und in 1 cm lange Stifte schneiden. Das restliche Rapsöl mit der Sojasoße und dem Majoran in einer Schüssel verrühren und die Süßkartoffeln darin marinieren.
5. Die Blumenkohl-Steaks und die Süßkartoffelpommes auf ein mit Backpapier ausgelegtes Backblech legen. Für 25 Minuten im Ofen garen.
6. Nach der Hälfte der Zeit die Steaks wenden und die Pommes durchmischen.

Kohlrabischnitzel mit Kartoffelsalat

mittel	35 Minuten	35 Minuten	2 Portionen

Zutaten

200 g festkochende Kartoffeln | 1 Schalotte | 1 TL Senf | Kräutersalz | 2 EL Apfelessig | 2 EL Sonnenblumenöl | 150 ml heiße Gemüsebrühe | 180 g geschälte Kohlrabi | 50 ml Hafermilch | 3 EL Maismehl | 60 g Paniermehl | Kokosöl zum Braten

1. Die Kartoffeln waschen und weich kochen. Mit kaltem Wasser abschrecken, schälen und in Scheiben schneiden. Die Schalotte schälen und klein schneiden. Mit dem Senf, etwas Kräutersalz, dem Apfelessig und dem Sonnenblumenöl in einer Schüssel verrühren. Die Kartoffeln und die heiße Gemüsebrühe dazugeben, vermischen und für 15 Minuten durchziehen lassen.
2. Den Kohlrabi in 8 mm dicke Scheiben schneiden. Die Kohlrabischeiben für 5 Minuten im heißen Wasser vorkochen. Mit einem Küchenpapier trocken tupfen.
3. Die Hafermilch mit dem Maismehl in einer Schale verrühren und mit etwas Kräutersalz würzen. Die Kohlrabischnitzel durchziehen und in dem Paniermehl wenden.
4. Kokosöl in einer Pfanne erhitzen und den Kohlrabi darin wie ein Schnitzel goldbraun herausbacken.
5. Auf 2 Tellern mit dem Kartoffelsalat anrichten.

Gebackenes Tempuragemüse

mittel | 15 Minuten | 15 Minuten | 2 Portionen

Zutaten

1 Zucchini
100 g grüne Spargel
100 g Brokkoli
50 g Zuckerschoten
150 g Tempuramehl
1 EL Hefeflocken
200 ml eiskaltes Wasser
Kokosöl zum Frittieren
100 g veganer Joghurt
Kräutersalz
1 EL gehackte Petersilie
1 EL Schnittlauchringe

1. Die Zucchini waschen, trocken tupfen und in 1 cm dicke Stifte schneiden.
2. Das untere Drittel des Spargels wegschneiden. Den Brokkoli in Röschen schneiden. Die Zuckerschoten putzen.
3. Das Kokosöl in einem Topf oder in der Fritteuse auf 170 °C erhitzen.
4. Das Tempuramehl mit den Hefeflocken und dem Wasser in eine Schüssel geben und gut verrühren.
5. Das Gemüse durch den Teig ziehen und im Kokosöl für 3 Minuten goldgelb backen.
6. Auf einem Küchenpapier abtropfen lassen.
7. Den veganen Joghurt mit dem Kräutersalz, der Petersilie und dem Schnittlauch verrühren und als Dip dazugeben.

Tipps und Tricks

Sie können jedes Gemüse für die Zubereitung verwenden. Probieren Sie gemeinsam mit Ihrem Kind Verschiedenes aus.

Tempuramehl bekommen Sie im Bio-Laden oder auch im Asia-Laden. Den Teig können Sie aber auch selbst machen:

200 g Kichererbsenmehl | ½ TL gemahlener Kurkuma | ½ TL Pfeffer oder Cayennepfeffer | ½ TL Garam Masala (indische Gewürzmischung) | ½ TL gemahlener Kreuzkümmel | 1 TL Salz | 150 g Wasser

Aus Kichererbsenmehl, Gewürzen, Salz und Wasser einen Teig anrühren und zugedeckt ca. 30 Minuten ruhen lassen.

Reis passt optional als Beilage sehr gut dazu.

Knuspertofu süsssauer mit Kartoffelsalat

einfach | 15 Minuten | 15 Minuten | 2 Portionen

Zutaten

200 g Tofu
2 EL Gemüsebrühe
3 EL Maismehl
3 EL Kokosöl
½ rote Zwiebel
½ rote Paprikaschote
½ gelbe Paprikaschote
1 EL Butter
2 EL Ahornsirup
2 EL Apfelessig
200 g passierte Tomaten
100 g Ananas
½ TL Oregano
1 TL Hoisin-Soße
Kräutersalz
½ TL Schnittlauchröllchen

1. Den Tofu in 2 cm große Würfel schneiden, mit der Gemüsebrühe marinieren und im Maismehl wenden.
2. Das Kokosöl in einer Pfanne erhitzen und den Tofu darin rundherum knusprig braten.
3. Die Zwiebel schälen und in 1 cm kleine Würfel schneiden. Die Paprika waschen, trocken tupfen, entkernen und in 2 cm große Stücke schneiden.
4. Die Zwiebel und die Paprika in der heißen Butter anschwitzen.
5. Den Ahornsirup dazugeben und leicht karamellisieren lassen. Mit dem Apfelessig ablöschen und mit den Tomaten aufgießen. Für 5 Minuten köcheln lassen.
6. Die Ananas in 1 cm dicke Stücke schneiden und dazugeben. Mit Oregano, der Hoisin-Soße und Kräutersalz würzen.
7. Die süßsaure Soße anrichten, den knusprigen Tofu darauf verteilen und mit Schnittlauchröllchen servieren.

Tipps und Tricks

Hoisin-Soße erhalten Sie in jedem Asia-Markt oder im Online-Handel.

SCHUPFNUDELN MIT APFELMUS

einfach | 30 Minuten | 50 Minuten | 2 Portionen

Zutaten

200 g mehlige Kartoffeln
1 Prise Salz
4 EL Mehl
1 Eigelb
½ TL Vanillezucker
500 g Äpfel
6 EL Rohrzucker
60 ml Apfelsaft
1 EL Zitronensaft
1 EL Zimt

1. Die Kartoffeln schälen und in Stücke schneiden. In reichlich Wasser mit einer Prise Salz weich kochen. Die Kartoffeln ausdämpfen und durch eine Kartoffelpresse drücken.
2. Die Kartoffeln mit dem Mehl, dem Eigelb und Vanillezucker verkneten. Den Teig für 10 Minuten ruhen lassen.
3. Äpfel schälen, entkernen und in Stücke schneiden. In einem Topf 2 EL Rohrzucker schmelzen, bis er karamellisiert (ca. 2 Minuten). Dann die Äpfel dazugeben und bei reduzierter Hitze umrühren, bis sich der Zucker vom Topfboden löst (ca. 1–2 Minuten). Dann Apfelsaft und Zitronensaft dazugießen, zudecken und kochen lassen, bis die Äpfel weich sind.
4. Etwas Mehl auf die Arbeitsfläche geben und den Teig zu einer Rolle formen. In gleich große Stücke schneiden und mit leicht bemehlten Händen zu Schupfnudeln formen.
5. Einen Topf mit Wasser, einer Prise Salz und 2 EL Rohrzucker erhitzen und die Schupfnudeln darin für 10 Minuten köcheln lassen.
6. Wenn die Äpfel in der Zwischenzeit weich sind, mit einem Kartoffelstampfer zu Püree verarbeiten und ein wenig auskühlen lassen.
7. Den restlichen Rohrzucker mit dem Zimt vermischen.
8. Die Schupfnudel abgießen, gleich direkt in der Zimt-Zucker-Mischung wälzen und mit dem Apfelmus servieren.

TIPPS UND TRICKS

Selbst gemachtes Apfelmus passt hervorragend dazu.

Buchteln mit Vanillesosse

einfach | 30 Minuten | 105 Minuten | 12 Buchteln

Zutaten

250 ml Milch
80 g Butter
500 g Mehl
1 Päckchen Trockenhefe
5 EL Rohrzucker
1 EL Vanillezucker
2 Eier
12 TL Pflaumenmus
500 ml Milch
2 EL Rohrzucker
200 ml Sahne
1 Päckchen Vanillepuddingpulver
Butter zum Einfetten der Backform (ca. 30 × 20 cm)

1. Hefeteig zubereiten: Die Milch mit der Butter in einem kleinen Topf erwärmen. Das Mehl mit der Trockenhefe, dem Rohrzucker und dem Vanillezucker mit den Händen oder mit einer Küchenmaschine mit Knethaken kurz vermischen. Die Milch dazugeben und verkneten. Die Eier mit einarbeiten und zu einem geschmeidigen Teig verkneten. Den Teig mit einem Küchentuch bedecken und für 30 Minuten an einem warmen Ort quellen lassen.
2. Backofen auf 180 °C Ober- und Unterhitze (oder 160 °C Umluft) vorheizen.
3. Eine Backform gut mit Butter einfetten.
4. Den Teig in 12 gleiche Stücke teilen. Die Stücke mit leicht bemehlten Händen flach drücken, jeweils 1 TL Pflaumenmus in die Mitte geben, zusammenklappen und verschließen. Die Buchteln in die Form legen und für 20 Minuten quellen lassen.
5. Die Form auf der zweiten Schiene für 25 Minuten goldbraun backen.
6. 500 ml Milch mit dem Rohrzucker in einen Topf geben und erhitzen. Die Sahne mit dem Puddingpulver verrühren und in die heiße Milch gießen. Unter ständigem Rühren für 3 Minuten kochen lassen.
7. Die noch warmen Buchteln anrichten und mit der Vanillesoße übergießen.

Tipps und Tricks

Statt Pflaumenmus können Sie auch Aprikosenkonfitüre verwenden. Beides schmeckt Kindern besonders lecker.

Die Buchteln schmecken auch ohne Vanillesoße oder kalt.

PASTA MIT PANIERMEHL UND ZUCKER

einfach | 10 Minuten | 15 Minuten | 2 Portionen

Zutaten

100 g Pasta (z. B. Spaghetti) | 3 EL Butter | 6 EL grobes Paniermehl | 2 EL Rohrzucker | 1 TL gemahlener Zimt | 1 gehacktes Minzblatt

1. Die Pasta laut Packungsanweisung kochen und abgießen.
2. Die Butter in einer Pfanne aufschäumen lassen und das Paniermehl darin goldbraun braten.
3. Den Rohrzucker und Zimt dazugeben.
4. Die Nudeln untermischen und mit dem gehackten Minzblatt anrichten.

GEBRATENE MILCHREISTALER

einfach | 30 Minuten | 60 Minuten | 2 Portionen

Zutaten

80 g Milchreis | 250 ml Milch | 3 EL Honig | 1 reife Banane | 1 Ei | 60 g Maismehl | Butter zum Braten

1. Den Milchreis mit der Milch und dem Honig in einen Topf geben. Langsam aufkochen, mit einem Deckel bedecken und für 15 Minuten ohne Hitze ziehen lassen. Den Milchreis ohne Deckel auskühlen lassen.
2. Die Banane schälen und mit einer Gabel zerdrücken.
3. Das Ei mit der Banane, dem Maismehl und dem Milchreis in eine Schüssel geben und vermischen.
4. Mit leicht feuchten Händen aus der Masse kleine Taler formen.
5. Die Butter in einer Pfanne erhitzen und bei mittlerer Hitze die Taler für 3 Minuten je Seite braten.

GRIESS-QUARK-KNÖDEL MIT PFLAUMENMUS

einfach | 15 Minuten | 55 Minuten | 2 Portionen

Zutaten

130 g Quark
1 Ei
4 EL weiche Butter
1 TL Vanillezucker
1 EL Puderzucker
75 g Weichweizengrieß
2 EL Maismehl
60 ml Wasser
70 g Rohrzucker
1 Spritzer Zitronensaft
½ Zimtstange
2 Gewürznelken
400 g Pflaumen
4 EL Paniermehl
1 EL Rohrzucker

1. Den Quark mit dem Ei, 2 EL Butter, dem Vanillezucker, dem Puderzucker, dem Weichweizengrieß und dem Maismehl in eine Schüssel geben und mit dem Handmixer zu einer festen Masse verrühren. Den Teig für 30 Minuten im Kühlschrank ruhen lassen.
2. Wasser mit Zucker, Zitronensaft, Zimtstange und Gewürznelken aufkochen lassen. Pflaumen waschen, entkernen und halbieren. Pflaumen in das kochende Wasser geben und aufkochen lassen. So lange weiter kochen, bis die Pflaumen halb zerfallen sind. Gewürze entfernen und Pflaumen auskühlen lassen.
3. Die Teigmasse mit feuchten Händen zu 6 kleinen Knödeln formen und in leicht süßem Wasser für 10 Minuten köcheln lassen.
4. Die restliche Butter mit dem Paniermehl in eine Pfanne geben und hellbraun anrösten. Den Rohrzucker dazugeben und vermischen.
5. Die Knödel im Paniermehl wälzen und anrichten.

TIPPS UND TRICKS

Pflaumenmus ist eine klassische Beilage zu Süßspeisen und schmeckt auch hervorragend als Kompott (kalt oder warm).

Gebackene Ananas und Bananen mit Honig und Sesam

einfach

15 Minuten

15 Minuten

2 Portionen

Zutaten

150 ml Milch
3 Eier
100 g Mehl
½ TL Weinstein-Backpulver
Kokosöl zum Frittieren
150 g Ananas
2 Bananen
3 EL Honig
2 EL Sesam

1. Die Milch mit den Eiern, dem Mehl und dem Weinstein-Backpulver in einer Schüssel verrühren und den Teig für 10 Minuten stehen lassen.
2. Das Kokosöl auf 170 °C erhitzen.
3. Die Ananas in 2 cm große Stücke schneiden. Die Banane schälen und ebenfalls in 2 cm große Stücke schneiden.
4. Die Ananas und die Bananenstücke durch den Teig ziehen und im heißen Fett goldbraun backen. Auf einem Küchentuch abtropfen lassen.
5. Zum Anrichten den Honig darüberlaufen lassen und mit dem Sesam bestreuen.

MEAL PREP – LUNCH BOX

»Meal Prep« ist die trendige Bezeichnung für Vorkochen oder Vorbereiten. Egal, ob Sie diese Kleinigkeiten für die Lunchbox oder für das schnelle Essen nach der Arbeit vorbereiten, mit »Meal Prep« sparen Sie auf jeden Fall viel Zeit. Die Gerichte können alle kalt gegessen werden und lassen sich zudem wunderbar portionsweise einfrieren und bei Bedarf auftauen.

Käsemuffins

einfach | 10 Minuten | 25 Minuten | 4 Muffins

Zutaten

2 Eier | 50 ml Buttermilch | 2 EL flüssige Butter | 100 g Mehl | ½ TL Weinstein-Backpulver | ½ TL mildes Paprikapulver | ½ TL gehackter frischer Oregano | Kräutersalz | 50 g geriebener Gouda | 2 EL geriebener Parmesan
Butter zum Einfetten der Muffinformen

1. Backofen auf 180 °C Ober- und Unterhitze (oder 160 °C Umluft) vorheizen.
2. Die Eier mit der Buttermilch und der flüssigen Butter in einer Schüssel verrühren.
3. Das Mehl mit dem Weinstein-Backpulver, dem Paprikapulver, dem Oregano und dem Kräutersalz vermischen und mit in die Schüssel geben. Mit einem Handmixer für 3 Minuten auf höchster Stufe rühren.
4. Den Gouda untermischen und in 4 gebutterte Muffinformen füllen. Mit dem Parmesan bestreuen und auf mittlerer Schiene für 15 Minuten backen.

Tipps und Tricks

Sie können sämtliche anderen Käsesorten verwenden und zum Beispiel klein gewürfelten Schinken, Speck, Kräuter oder Gemüse in den Teig geben. Die Muffins sind nicht nur warm, sondern auch kalt sehr lecker.

SPECKSTANGEN

einfach | 5 Minuten | 15 Minuten | 8 Stangen

Zutaten

100 g Blätterteig (aus dem Kühlregal) | 80 g geriebener Käse | 100 g Speckscheiben | 1 Ei | 20 g Sesamsamen

1. Backofen auf 200 °C Ober- und Unterhitze (oder 180 °C Umluft) vorheizen.
2. Den Blätterteig in Streifen schneiden, die etwa 1 cm breiter als die Speckstreifen sind. Die Blätterteigstreifen mit dem Käse bestreuen und mit dem Speck belegen. Spiralförmig einrollen und auf ein mit Backpapier ausgelegtes Backblech legen.
3. Die Speckstangen mit dem verquirlten Ei bestreichen und mit dem Sesam bestreuen.
4. Auf mittlerer Schiene für 10 Minuten goldbraun backen.

INDISCHE GEFÜLLTE FLADEN

einfach | 20 Minuten | 50 Minuten | 4 Fladen

Zutaten

100 ml Dinkelmehl
50 ml Wasser
1 TL Sesamöl
1 Spritzer Apfelessig
Kräutersalz
100 g Kartoffeln
30 g Blattspinat
1 EL Sojajoghurt
1 TL Garam Masala (indische Gewürzmischung)
1 TL mildes Currypulver
2 EL grob gehackter Koriander
etwas Kokosöl zum Braten

1. Das Dinkelmehl mit dem Wasser, dem Sesamöl, dem Apfelessig und etwas Kräutersalz in eine Schüssel geben und zu einem Teig verkneten. Den Teig in Folie wickeln und für 30 Minuten im Kühlschrank ruhen lassen.
2. Die Kartoffeln waschen und weich kochen. Etwas auskühlen lassen, schälen und mit einem Kartoffelstampfer grob zerdrücken.
3. Die Kartoffeln mit dem gewaschenen Blattspinat, dem Sojajoghurt, dem Garam Masala, dem Currypulver, Kräutersalz und dem Koriander vermischen.
4. Den Teig aus dem Kühlschrank nehmen und halbieren. Den Teig noch einmal halbieren und auf einer leicht bemehlten Arbeitsfläche jeweils zu einem runden, dünnen Fladen ausrollen.
5. Die Kartoffeln auf der Hälfte des Teigfladens verteilen und 2 cm Rand frei lassen. Den Fladen zusammenschlagen und die Ränder festdrücken.
6. Eine Pfanne mit etwas Kokosöl erhitzen und die Fladen bei mittlerer Hitze für 3 bis 4 Minuten je Seite braten, dabei zweimal wenden.

TIPPS UND TRICKS

Garam Masala ist eine indische Gewürzmischung, die Sie in jedem Supermarkt oder Bio-Laden kaufen können.

QUESADILLAS MIT TOMATEN UND KÄSE

einfach | 10 Minuten | 20 Minuten | 2 Quesadillas

Zutaten

2 Tomaten
2 EL Basilikum
2 EL Kräuterfrischkäse
100 g geriebener Emmentaler
4 kleine Tortilla-Fladen
etwas Olivenöl

1. Backofen auf 200 °C Ober- und Unterhitze (oder 180 °C Umluft) vorheizen.
2. Tomaten und Basilikum waschen und trocken tupfen. Tomaten in dünne Scheiben und Basilikum in Streifen schneiden.
3. Den Frischkäse mit dem Emmentaler, den Tomaten und dem Basilikum in einer Schüssel verrühren.
4. Zwei Tortilla-Fladen damit einstreichen und jeweils mit einem weiteren Fladen bedecken. Die Fladen mit etwas Olivenöl einpinseln und auf ein mit Backpapier ausgelegtes Backblech legen. Die Quesadillas auf mittlerer Schiene für 10 Minuten backen.
5. Zum Anrichten vierteln.

TIPPS UND TRICKS

Diese Fladenecken eignen sich auch großartig als Fingerfood und schmecken warm oder kalt. Sie kommen bei jedem Picknick gut an.

KÜRBISBROT

einfach | 10 Minuten | 60 Minuten | 1 Brot (etwa 12 Scheiben)

Zutaten

300 g Kürbispüree | 3 Eier | 200 g griechischer Joghurt | 2 EL Kürbiskernöl | 300 g Mandelmehl | 100 g Haferkleie | 1 Päckchen Weinstein-Backpulver | 80 g gehackte Kürbiskerne | 1 EL getrocknete Petersilie | ½ TL edelsüßes Paprikapulver | 1 TL Kräutersalz | etwas Muskatnuss | Butter zum Einfetten der Backform (ca. 25 × 10 cm, eckig)

1. Backofen auf 180 °C Ober- und Unterhitze (oder 160 °C Umluft) vorheizen.
2. Das Kürbispüree mit den Eiern, dem Joghurt und dem Kürbiskernöl verrühren. Mit den restlichen Zutaten verrühren.
3. Die Masse in die gebutterte Backform füllen. Das Brot im Ofen auf mittlerer Schiene für 45 Minuten backen.
4. Nach 30 Minuten gegebenenfalls mit Alufolie oder Backpapier bedecken.
5. Aus dem Ofen nehmen, für 10 Minuten in der Form auskühlen lassen und stürzen.

MOHNBRÖTCHEN

einfach | 15 Minuten | 85 Minuten | 6 Brötchen

Zutaten

100 g lauwarmes Wasser | 50 ml lauwarme Milch | 250 g Mehl | 10 g frische Hefe | ½ TL Rohrzucker | 1 TL Salz | 4 EL Backmohn

1. Das Wasser mit der Milch, dem Mehl, der zerbröselten Hefe, dem Rohrzucker und dem Salz mit den Händen oder in einer Küchenmaschine mit Knethaken zu einem Teig verkneten. Den Teig mit einem Küchentuch bedecken und für 30 Minuten quellen lassen.
2. Den Teig in 6 gleiche Stücke schneiden. Auf einer bemehlten Arbeitsfläche zu Kugeln formen, etwas flach drücken, mit einem Zahnstocher oder einem stumpfen Messer wie eine Kaisersemmel einritzen und mit dem Mohn bestreuen.
3. Auf ein mit Backpapier ausgelegtes Backblech legen und für weitere 20 Minuten gehen lassen.
4. Backofen auf 190 °C Ober- und Unterhitze (oder 170 °C Umluft) vorheizen.
5. Die Brötchen auf mittlerer Schiene für 18 Minuten goldbraun backen.

Mini-Pizzaecken

einfach | 10 Minuten | 20 Minuten | 6–8 Stücke

Zutaten

250 g Brokkoli
130 g Flammkuchenteig (aus dem Kühlregal)
100 g Kräuterfrischkäse
60 g geriebener Mozzarella
1 TL getrockneter Basilikum
80 g roher Schinken
2 EL gehackte Walnüsse
2 EL Granatapfelkerne (optional)

1. Backofen auf 200 °C Ober- und Unterhitze (oder 180 °C Umluft) vorheizen.
2. Den Brokkoli waschen, in kleine Röschen schneiden, im heißen Salzwasser für 2–3 Minuten blanchieren und im Eiswasser abschrecken.
3. Den Flammkuchenteig auf ein mit Backpapier ausgelegtes Backblech legen und mit dem Frischkäse bestreichen. Mit Mozzarella bestreuen und mit dem Basilikum würzen.
4. Den rohen Schinken in kleine Würfel schneiden und auf dem Mozzarella verteilen. Mit den Walnüssen bestreuen.
5. Die Pizza auf mittlerer Schiene für 8–10 Minuten backen.
6. Flammkuchen-Pizza in kleine Ecken schneiden und optional mit Granatapfelkernen garnieren.

Tipps und Tricks

Die Flammkuchen-Pizza kann nach Belieben belegt werden.

Bolo-Schnecken

einfach | 15 Minuten | 30 Minuten | je nach Stückelung mind. 4 Schnecken

Zutaten

½ rote Zwiebel
¼ Möhre
20 g Stangensellerie
1 TL Olivenöl
200 g gemischtes Hackfleisch
1 TL Tomatenmark
100 g passierte Tomaten
1 TL italienische Kräuter
Kräutersalz
1 Prise Pfeffer
1 kleine Prise Rohrzucker
100 g Blätterteig (aus dem Kühlregal)
4 EL geriebener Parmesan

1. Die Zwiebel schälen und fein hacken. Die Möhre schälen und grob raspeln. Den Stangensellerie waschen, trocknen und in feine Würfel schneiden.
2. Das Olivenöl in einer Pfanne erhitzen und die Zwiebel mit den Möhren, dem Stangensellerie und dem Hackfleisch darin scharf anrösten.
3. Das Tomatenmark dazugeben und mitrösten, bis das Tomatenmark sehr intensiv zu duften beginnt.
4. Mit den passierten Tomaten aufgießen. Mit den italienischen Kräutern, dem Kräutersalz, dem Pfeffer und dem Rohrzucker abschmecken.
5. Die Bolognese zu einer cremigen Konsistenz einkochen.
6. Backofen auf 200 °C Ober- und Unterhitze (oder 180 °C Umluft) vorheizen.
7. Den Blätterteig ausrollen und mit der Bolognese bestreichen. Den Teig einrollen und in etwa 1 cm (oder je nach Wunsch) dicke Schnecken schneiden.
8. Die Schnecken mit der Schnittfläche nach oben auf ein mit Backpapier ausgelegtes Backblech legen und mit dem Parmesan bestreuen. Auf mittlerer Schiene für ca. 15 Minuten backen.

Tipps und Tricks

Legen Sie die Schnecken auf dem Backblech nicht zu nah aneinander, da der Blätterteig aufgeht.

HÜHNCHENSALAT IM SALATMANTEL

einfach | 20 Minuten | 20 Minuten | 4 Stück

Zutaten

150 g Hühnerbrust ohne Haut | Kräutersalz | 1 EL Kokosöl | ¼ Avocado | ½ rote Paprikaschote | 1 Möhre | 3 EL Joghurt | 1 EL Zitronensaft | 1 Spritzer Olivenöl | Käutersalz | 4 Kopfsalatblätter

1. Die Hühnerbrust waschen, trocken tupfen und in feine Streifen schneiden. Mit Kräutersalz kräftig würzen.
2. Die Hühnerstreifen im heißen Kokosöl scharf anbraten.
3. Die Avocado in kleine Würfel schneiden. Die gewaschene Paprika in feine, kurze Streifen schneiden. Die Möhre waschen, trocken tupfen und raspeln oder in dünne Streifen schneiden. Die Kopfsalatblätter waschen und trocknen.
4. Die Hühnerbrust mit der Avocado, der Paprika, der Möhre, dem Joghurt, dem Zitronensaft, dem Olivenöl und etwas Kräutersalz in einer Schüssel vermischen.
5. Den Hühnersalat jeweils in die Mitte des Salatblattes geben, einmal einschlagen und einrollen.

TIPPS UND TRICKS

Diese Salatpäckchen sind absolut großartig für unterwegs und auch für die Schule oder den Kindergarten.

PUTEN-SANDWICH

einfach | 20 Minuten | 20 Minuten | 2 Portionen

Zutaten

100 g Putenschnitzel | Kräutersalz | 1 TL Butter | 2 Scheiben Käse | 2 Scheiben Vollkornsandwichbrot | 1 EL Ketchup | 1 TL Mayonnaise | 2 Salatblätter | 3 Scheiben Tomaten | 3 Scheiben Gurken |

1. Das Putenschnitzel klopfen und mit dem Kräutersalz würzen.
2. Die Butter erhitzen und die Putenschnitzel für 2 Minuten je Seite braten. Nach dem Wenden mit dem Käse belegen.
3. Sandwichscheiben toasten. Das Ketchup mit der Mayonnaise vermischen und darauf verteilen.
4. Das Sandwich mit der Putenbrust, den gewaschenen Salatblättern und den Tomaten- und Gurkenscheiben belegen. In 4 Dreiecke schneiden.

TIPPS UND TRICKS

Optional können Sie die Sandwich-Dreiecke mit Zahnstochern fixieren, dann halten sie besser zusammen beim Transport in der Lunchbox.

Verwenden Sie zum Bestreichen selbst gemachtes Ketchup ohne weißen Zucker. Das Rezept finden Sie bei den Basisrezepten.

MINI-BURGER

einfach | 20 Minuten | 20 Minuten | 2 Burger

Zutaten

140 g Hackfleisch | 1 Eigelb | 2 EL Paniermehl | Kräutersalz | 1 TL Kokosöl | 2 Scheiben Emmentaler | 2 EL griechischer Joghurt | 20 g geriebene Gurke | 2 Scheiben Tomaten | 10 g frischer Blattsalat | 2 Mini-Burgerbrötchen

1. Das Hackfleisch mit dem Ei, dem Paniermehl und etwas Kräutersalz vermischen. Aus der Masse zwei Burger-Pattys formen und für 2 Minuten je Seite im heißen Kokosöl braten.
2. Nach dem Wenden mit dem Emmentaler belegen.
3. Den griechischen Joghurt mit der Gurke und etwas Kräutersalz vermischen.
4. Die Burgerbrötchen in der Mitte durchschneiden und die Schnittfläche in einer heißen Pfanne ohne Fett leicht bräunen.
5. Den Brötchenboden mit den Pattys belegen, die Tomatenscheiben darauflegen. Den Gurkenjoghurt auf den Tomaten verstreichen. Die gewaschenen Salatblätter auf dem Joghurt verteilen und mit den Brötchendeckel bedecken.

Gefüllte Roastbeef-Rollen

einfach | 10 Minuten | 10 Minuten | 2 Portionen

Zutaten

200 g Roastbeef, gegart und aufgeschnitten (vom Metzger) | 100 g Frischkäse | 1 EL gehackte Petersilie | 1 TL gehackter Kerbel | Kräutersalz | 1 Spritzer Zitronensaft | ½ rote Paprikaschote | ½ Möhre

1. Die Roastbeef-Scheiben auslegen.
2. Den Frischkäse mit der Petersilie, dem Kerbel, dem Kräutersalz und dem Zitronensaft in einer Schale verrühren.
3. Die Paprika waschen, trocken tupfen, entkernen und in Streifen schneiden. Möhre schälen und raspeln oder in Streifen schneiden.
4. Den Frischkäse auf dem Roastbeef verstreichen, die Gurke quer auf ein Ende legen, Paprika und Möhre dazu legen und alles hübsch einrollen.

Brokkoli-Bällchen mit Käse

einfach | 10 Minuten | 30 Minuten | 2 Portionen

Zutaten

100 g Brokkoli | 1 EL Schnittlauchringe | 2 EL geriebener Mozzarella | 1 Ei | 2 EL Haferkleie | Kräutersalz | ½ TL getrockneter Oregano | 3 EL Paniermehl | 1 EL Sesam

1. Den Brokkoli waschen, in Röschen schneiden und für 5 Minuten im heißen Salzwasser blanchieren. In Eiswasser abschrecken und gut abtropfen lassen.
2. Den Brokkoli fein hacken. Mit dem Schnittlauch, dem Mozzarella, dem Ei, der Haferkleie, dem Kräutersalz und dem Oregano in eine Schüssel geben und gut vermischen. Die Masse für 5 Minuten durchziehen lassen.
3. Mit feuchten Händen daraus kleine Bällchen formen. Die Bällchen im Paniermehl wälzen und in der Heißluftfritteuse für 12 Minuten bei 200 °C backen.

Tipps und Tricks

Sie können die Bällchen auch bei Umluft im Backofen zubereiten oder im heißen Kokosöl frittieren.

KLEINE CAPRESE-SPIESSE

einfach | 10 Minuten | 10 Minuten | 2 Portionen

Zutaten

8 Kirschtomaten | 8 Kugeln Mini-Mozzarella | 8 Blatt Basilikum | 2 EL Olivenöl | 1 TL milder Balsamicoessig

1. Die Tomaten waschen, trocken tupfen und mit Mozzarella auf 4 kleine Spieße stecken.
2. Basilikum mit dem Olivenöl und dem Balsamico in ein hohes Gefäß geben und mit einem Stabmixer fein mixen.
3. Die Caprese-Spießchen mit der Marinade beträufeln.

Bunte Pfannkuchenecken

einfach | 15 Minuten | 15 Minuten | 2 Portionen

Zutaten für rote Pfannkuchen

20 ml Milch
50 ml Rote-Bete-Saft
1 Ei
3 TL Mehl
1 kleine Prise Kräutersalz
etwas Butter zum Braten
3 EL Kräuterfrischkäse
1 getrocknete Tomate
¼ Gurke

1. Die Milch mit dem Rote-Bete-Saft, dem Ei, dem Mehl und dem Kräutersalz in einer Schüssel gut verrühren.
2. Etwas Butter in einer Pfanne erhitzen und darin aus dem Teig 2 Pfannkuchen backen.
3. Die Pfannkuchen mit dem Kräuterfrischkäse bestreichen.
4. Die Tomaten fein hacken und die gewaschene Gurke in 5 mm große Würfel schneiden.
5. Tomaten und Gurken auf dem Frischkäse verteilen.
6. Zum Anrichten die Pfannkuchen entweder zweimal einklappen oder einrollen und in 3 cm große Stücke schneiden und mit der Schnittfläche nach oben anrichten.

Tipps und Tricks

Sie können grüne und orange Pfannkuchen ebenfalls ganz einfach zaubern, indem Sie den Rote-Bete-Saft durch folgende Zutaten ersetzen:

Für den grünen Teig: 2 EL Spinatpüree, 1 Prise Muskat

Für den orangen Teig: 2 EL geriebene Möhren, 1 Prise Curry

Beim Braten der Pfannkuchen auf jeden Fall lange genug warten, bis die Unterseite richtig schön gebräunt und der Pfannkuchen entsprechend fest geworden ist. Versuchen Sie, den Pfannkuchen mit dem Pfannenwender anzuheben, dann merken Sie gleich, ob es einfach geht, dann können Sie den Pfannkuchen problemlos wenden, ohne dass dieser zerreißt.

Für die Lunchbox lassen sich die Rollen zudem gut mit einem Zahnstocher fixieren.

GEDÜNSTETE MÖHREN AM SPIESS

einfach | 10 Minuten | 20 Minuten | 2 Portionen

Zutaten

100 g Babymöhren | 1 TL Butter | 1 TL Honig | 100 ml Gemüsebrühe | Kräutersalz | etwas Sesam zum Bestreuen | saure Sahne zum Dippen

1. Die Möhren schälen und das Grün wegschneiden.
2. Die Butter in einer Pfanne erhitzen und die Möhren darin bei mittlerer Hitze für 2 Minuten braten.
3. Den Honig dazugeben und leicht karamellisieren lassen. Mit der Gemüsebrühe aufgießen und mit Kräutersalz leicht würzen. Die Möhren für 5 Minuten weich dünsten, bis die Brühe fast verdampft ist.
4. Die Möhren etwas auskühlen lassen und auf Spieße stecken.
5. Mit etwas Sesam bestreuen und die saure Sahne als Dip dazugeben.

TIPPS UND TRICKS

Für die Spieße kann auch immer wieder anderes Gemüse der Saison verwendet werden.

GEFÜLLTE EIER

einfach | 10 Minuten | 45 Minuten | 2 Portionen

Zutaten

3 Eier | 1 EL saure Sahne | Kräutersalz | 1 TL fein gehackte Petersilie | 2 Salatblätter | 1 Radieschen | 1 TL Schnittlauch

1. Die Eier für 7 Minuten hart kochen. Mit kaltem Wasser abschrecken, schälen und der Länge nach halbieren.
2. Die Eigelbe entfernen und mit einer Gabel fein zerdrücken. Mit der sauren Sahne, dem Kräutersalz und der Petersilie vermischen. Die Eier mit der Dottercreme wieder befüllen und für 30 Minuten in den Kühlschrank stellen.
3. Salatblätter waschen und trocken tupfen. Radieschen waschen und in feine Würfel schneiden.
4. Die gefüllten Eier auf den Salatblättern anrichten. Mit Radieschenwürfel und Schnittlauch anrichten.

GEGRILLTE MAISGRIESS-SCHEIBEN

einfach | 15 Minuten | 75 Minuten | 2 Portionen

Zutaten

160 ml Gemüsebrühe | 40 g Maisgrieß | Kräutersalz | ½ TL getrockneter Oregano | 30 g geriebener Gouda | 3 EL geriebener Parmesan | etwas Kokosöl zum Braten

1. Die Gemüsebrühe in einem Topf erhitzen und den Maisgrieß einrühren. Mit Kräutersalz und Oregano würzen. Bei mittlerer Hitze für 6–8 Minuten unter ständigem Rühren kochen lassen.
2. Vom Herd nehmen und den Gouda einrühren. Den Maisgrieß in eine mit Backpapier ausgelegte Form füllen, sodass der Maisgrieß etwa 1 cm dick ist. Mit dem Parmesan betreuen. Im Kühlschrank ca. 1 Stunde gut auskühlen lassen.
3. Aus dem Kühlschrank nehmen und mit einem 6 cm runden Ausstecher kleine Taler ausstechen.
4. Eine Grillpfanne mit etwas Kokosöl einfetten und die Maisgrieß-Scheiben für 1 Minute je Seite grillen.

TIPPS UND TRICKS

Die Maisgrieß-Scheiben schmecken heiß und kalt ganz wunderbar.

VEGANE CHICKEN-NUGGETS AUS SEITAN

einfach | 15 Minuten | 15 Minuten | 2 Portionen

Zutaten

140 g Seitanschnitzel | 2 EL Maismehl | 50 g Mehl | 80 ml Hafermilch | ½ TL getrockneter Oregano | ½ TL getrockneter Basilikum | ½ TL Kräutersalz | 1 Messerspitze mildes Paprikapulver | 40 g Paniermehl | 3 EL geriebene Walnüsse | etwas Rapsöl zum Einpinseln

1. Die Seitanschnitzel in 4 cm große Stücke schneiden und im Maismehl wenden.
2. Das Mehl mit der Hafermilch, dem Oregano, dem Basilikum, dem Kräutersalz und dem Paprikapulver in einer Schüssel zu einem glatten Teig verrühren.
3. Das Paniermehl mit den Walnüssen vermischen.
4. Den Seitan durch den Teig ziehen und in den Bröseln wälzen. Die Panade mit den Händen gut andrücken und leicht mit Rapsöl einpinseln.
5. Die Nuggets bei 210 °C in der Heißluftfritteuse oder im Backofen bei Umluft für 12 Minuten backen.

TIPPS UND TRICKS

Auch frittiert schmecken die Nuggets großartig. Selbst gemachtes Ketchup eignet sich gut als Dip.

FALAFEL MIT DIP

mittel | 25 Minuten | 8 Stunden | 2 Portionen

Zutaten

100 g Kichererbsen
1 Schalotte
1 Zehe Knoblauch
1 EL gehackte Petersilie
½ TL gemahlener Koriander
1 Messerspitze gemahlener Kreuzkümmel
Kräutersalz
1 kleine Prise Pfeffer
1 Prise mildes Paprikapulver
3 EL feines Paniermehl
etwas Rapsöl zum Beträufeln
100 g veganer Quark
1 EL Tahini
1 Spritzer Zitronensaft
1 EL gehackter Koriander

1. Die Kichererbsen in eine Schüssel geben, mit reichlich Wasser bedecken und über Nacht in den Kühlschrank stellen.
2. Die Kichererbsen abgießen, abwaschen und in einer Küchenmaschine pürieren, bis eine feine Paste entstanden ist.
3. Die Schalotte und den Knoblauch schälen und klein schneiden.
4. Backofen auf 200 °C Ober- und Unterhitze (oder 180 °C Umluft) vorheizen.
5. Die Kichererbsen mit der Schalotte, dem Knoblauch, der Petersilie, dem Koriander, dem Kreuzkümmel, dem Kräutersalz, dem Pfeffer und dem Paprikapulver in eine Küchenmaschine geben und noch einmal kurz pürieren, um ein grobes Püree herzustellen. Die Mischung für 30 Minuten ruhen lassen.
6. Mit feuchten Händen kleine Kugeln formen und im Paniermehl wälzen. Mit etwas Rapsöl beträufeln und auf ein mit Backpapier ausgelegtes Backblech legen.
7. Im vorgeheizten Backofen auf mittlerer Schiene für 10–12 Minuten goldbraun backen.
8. Den veganen Quark mit dem Tahini, dem Zitronensaft, dem Koriander und etwas Kräutersalz verrühren und als Dip dazugeben.

TIPPS UND TRICKS

Wichtig ist, dass die Kichererbsen nur eingeweicht, jedoch nicht vorgekocht werden.

Die Bällchen schmecken sowohl warm als auch kalt und sind daher optimal für die Lunchbox.

Tahini kommt aus der arabischen Küche und ist eine Paste aus fein gemahlenen Sesamkörnern, die auch gut als Dip oder Brotaufstrich schmeckt. Tahini können Sie in vielen Supermärkten oder auch im Bio-Laden kaufen.

MÖHRENTALER

einfach | 20 Minuten | 45 Minuten | 2 Portionen

Zutaten

100 g Möhren | 80 g Kartoffeln | 1 Zehe gepresster Knoblauch | 50 g Kichererbsenmehl | 2 EL Mandelmehl | etwas Orangenabrieb | ½ TL Thymian | 1 EL fein gehackte Petersilie | Kräutersalz | Kokosöl zum Braten etwas Maismehl

1. Die Möhren und die Kartoffeln schälen, grob schneiden und im Topf oder im Dampfgarer für 25 Minuten weich dämpfen und danach auskühlen lassen.
2. Alle Zutaten außer dem Kokosöl und dem Maismehl mixen. Der Teig sollte etwas kompakt sein. Falls nötig, noch etwas Kichererbsenmehl dazugeben.
3. Mit leicht feuchten Händen aus der Masse kleine Taler formen und im Maismehl wenden.
4. Das Kokosöl in einer Pfanne erhitzen und die Möhrentaler bei mittlerer Hitze für 2 Minuten je Seite braten.

TIPPS UND TRICKS

Die Taler sind heiß und kalt ganz wunderbar.

Zucchini-Frikadellen

einfach | 15 Minuten | 25 Minuten | 2 Portionen

Zutaten

1 EL geschroteter Leinsamen | 2 EL heißes Wasser | 1 Zucchini | 1 Kartoffel | 2 EL Haferkleie | 1 EL Mehl (z. B. Kokosmehl) | Kräutersalz | 1 kleine Prise Pfeffer | 1 Prise Muskatnuss | etwas Kokosöl zum Braten

1. Die Leinsamen mit dem Wasser in eine kleine Schale geben, verrühren und für 5 Minuten quellen lassen.
2. Die Zucchini waschen, trocken tupfen, raspeln und in einem Küchentuch ausdrücken. Die Kartoffel schälen und raspeln.
3. Die Leinsamen mit der Zucchini, der Kartoffel, der Haferkleie, dem Mehl, dem Kräutersalz, dem Pfeffer und der Muskatnuss in eine Schüssel geben, gut vermischen und die Masse für 10 Minuten ruhen lassen.
4. Das Kokosöl in einer Pfanne erhitzen und mit einem Esslöffel kleine Kleckse in die Pfanne geben, etwas flach drücken und für 3 Minuten je Seite bei mittlerer Hitze braten.

Tipps und Tricks

Die Frikadellen schmecken warm und auch kalt.

KARTOFFELRÖSTI SÜSS ODER PIKANT

einfach | 15 Minuten | 25 Minuten | 2 Portionen

Zutaten

200 g Kartoffeln | 2 EL Maismehl | Kräutersalz | 1 Prise Pfeffer | 1 Prise Muskatnuss | Kokosöl zum Braten
1 EL saure Sahne oder 1 EL Konfitüre als Dip (optional)

1. Die Kartoffeln schälen und raspeln. Die Kartoffeln in ein Küchentuch geben und gut ausdrücken.
2. Die Kartoffeln mit dem Maismehl, dem Kräutersalz, dem Pfeffer und der Muskatnuss in einer Schüssel vermischen.
3. Das Kokosöl in einer Pfanne erhitzen. 4 kleine Kartoffelhaufen mit genügend Abstand in die Pfanne geben und bei geringer Hitze für 4–6 Minuten je Seite knusprig, goldbraun backen.

TIPPS UND TRICKS

Die Kartoffelrösti schmecken warm und kalt.
Diese können süß mit Apfelmus oder Konfitüre, aber auch pikant mit Dips, saurer Sahne oder Ketchup gegessen werden.

Tofu-Fingers

einfach | 10 Minuten | 10 Minuten | 2 Portionen

Zutaten

200 g schnittfester Tofu | 2 EL Maismehl | 60 ml Hafermilch | 6 EL Paniermehl | 1 EL Hefeflocken | Kokosöl zum Frittieren | 2 EL Ketchup

1. Das Kokosöl auf 170 °C erhitzen.
2. Den Tofu in 1 cm lange Stifte schneiden. Das Maismehl mit der Hafermilch verrühren. Das Paniermehl mit den Hefeflocken vermischen.
3. Die Tofu-Stücke durch den Teig ziehen und im Paniermehl wälzen. Die Panade mit den Händen leicht andrücken und für 3 Minuten goldbraun backen.
4. Mit Ketchup servieren.

Tipps und Tricks

Das Rezept für selbst gemachtes Ketchup ohne weißen Zucker finden Sie bei den Basisrezepten.

Genießen Sie die Tofu-Fingers heiß oder kalt, mit oder ohne Dip und auch auf Salat.

Kokosmüsliriegel mit Ananas

einfach | 10 Minuten | 40 Minuten | etwa 10 Müsliriegel

Zutaten

50 g Dinkelflocken | 50 g Haferflocken | 50 g Kokosflocken | 30 g getrocknete Ananas | 50 g grob gehackte Erdnüsse | 35 ml Kokosöl | 80 ml Dattelsüße oder Honig

1. Alle Zutaten in einer Schüssel gut verrühren. Das funktioniert mit den Händen oder mit einem Handmixer ganz gut. Die Masse für einige Minuten quellen lassen.
2. Backofen auf 160 °C Ober- und Unterhitze (oder 140 °C Umluft) vorheizen. Die Masse gleichmäßig auf ein mit Backpapier ausgelegtes Backblech streichen. Für etwa 20 Minuten backen.
3. Aus dem Ofen nehmen und noch heiß in 10 Müsliriegel schneiden. Danach gut auskühlen lassen.

Tipps und Tricks

Sie können mit verschiedenen getrockneten Früchten abwechseln.

Die Müsliriegel am besten dunkel und trocken lagern.

ENERGIEBÄLLCHEN MIT DATTELN UND FEIGEN

einfach | 15 Minuten | 15 Minuten | etwa 20 Kugeln

Zutaten

100 g getrocknete Datteln | 100 g getrocknete Feigen | 20 g Chiasamen | 50 g Kokosraspeln | 50 g geriebene Nüsse

1. Alle Zutaten zu einem dicken Brei pürieren.
2. Aus der Masse mit leicht feuchten Händen 20 Kugeln formen.
3. Optional noch einmal in Kokosraspeln wälzen.
4. Die Kugeln in eine Box geben und am besten kühl und trocken aufbewahren.

TIPPS UND TRICKS

Sie können die Kugeln alternativ auch in flüssige Schokolade tunken oder in geriebenen Nüssen wälzen. Für noch mehr Abwechslung können Sie anstatt der Feigen sämtliche Trockenfrüchte verwenden.

TROCKENFRÜCHTE-MIX MIT NÜSSEN

einfach | 15 Minuten | 8 – 12 Stunden | etwa 500 g Mix

Zutaten

1 Ananas | 1 Mango | 2 Äpfel | 2 Kiwi | 100 g Beeren | 250 g gemischte Nüsse

1. Die Früchte schälen und in kleine Würfel oder 2 mm dünne Scheiben schneiden.
2. Zum Trocknen der Früchte gibt es verschiedene Varianten: In den Dörrapparat geben und für etwa 8 Stunden trocknen lassen; im Backofen bei 40 °C Umluft über Nacht dörren lassen; im Sommer funktioniert es auch in der Sonne wunderbar, dauert aber entsprechend länger.
3. Die getrockneten Früchte mit den Nüssen vermengen und in einem verschließbaren Glas kühl und unbedingt trocken aufbewahren.

TIPPS UND TRICKS

Dörren ist eine gesunde und schonende Methode, um Obst, Gemüse oder Kräuter haltbar zu machen. Ein eigener Dörrautomat ist nur dann sinnvoll, wenn Sie vorhaben, regelmäßig größere Mengen zu dörren.

CHURROS

einfach | 25 Minuten | 30 Minuten | 2 Personen

Zutaten

50 g Butter | 140 g Mehl | 250 ml Milch (oder Pflanzenmilch) | 1 Ei | 1 EL Zucker | ½ TL Zimt | Kokosöl zum Frittieren

1. Die Butter in einer Pfanne schmelzen lassen und das Mehl hinzufügen. Unter ständigem Rühren vermengen und die Milch hinzufügen. Sobald sich der Teigball vom Topfboden lockert, vom Herd nehmen. Den Teig etwas auskühlen lassen.
2. Mit dem Mixer Ei, Zucker und Zimt einrühren.
3. Die Masse in eine Spritztülle füllen und etwa 4 cm lange Würste spritzen.
4. Das Kokosöl auf 180 °C erhitzen und die Churros darin für etwa 3 Minuten goldgelb frittieren.

TIPPS UND TRICKS

Die Churros können Sie mit flüssiger Schokolade, Zimt-Zucker-Mischung, Konfitüre oder Apfelmus servieren.

Bananenmuffins

einfach | 15 Minuten | 40 Minuten | 4 Muffins

Zutaten

1 Banane | 80 g Mehl | 1 EL Kakao | 1 Messerspitze Backpulver | 40 g Zucker | 35 g Butter | 40 ml Pflanzenmilch | 1 Ei

1. Die Banane mit einer Gabel zerdrücken und mit den restlichen Zutaten in eine Schüssel geben. In 6 Minuten mit einem Handmixer zu einem glatten Teig verrühren.
2. Backofen auf 170 °C Ober- und Unterhitze (oder 150 °C Umluft) vorheizen.
3. Den Teig in 4 Muffinformen füllen und im Backofen für etwa 18 Minuten backen. Aus dem Ofen nehmen und auskühlen lassen.

PFANNKUCHEN-PÄCKCHEN

einfach | 15 Minuten | 20 Minuten | 4 Stück

Zutaten

130 ml Milch | 2 Eier | 3 EL Mehl | 1 Messerspitze Backpulver | 1 Packung Vanillezucker | 2 EL Konfitüre zum Befüllen | Butter zum Backen

1. Alle Zutaten außer der Konfitüre mit dem Handmixer oder mit dem Schneebesen zu einem glatten Teig verrühren und für 3 Minuten ruhen lassen.
2. Die Butter in einer heißen Pfanne aufschäumen lassen und aus dem Teig 4 Pfannkuchen backen. Jeden Pfannkuchen pro Seite für etwa 2 Minuten backen.
3. Aus der Pfanne nehmen, mit der Konfitüre bestreichen, die Enden einklappen und einrollen.

TIPPS UND TRICKS

Hier können Sie die Lieblingskonfitüre Ihrer Kinder verwenden oder wechseln Sie bei der Wahl der Konfitüren ab, auch eine Nuss-Nougat-Creme kann köstlich schmecken.

Pfannkuchen sind einfach und auch kalt für die Jause perfekt geeignet.

REZEPTREGISTER A–Z

H

I

K

L

M

N

O

P

Q

R

S

T

U

V

W

Z

ÜBER DIE AUTORIN

Susanne Dorner ist 1977 in Österreich geboren, Autorin, Unternehmerin, stolze Mama zweier Söhne und glücklich verheiratet. Sie hat das Kochen nicht nur im elterlichen Haushalt, sondern auch in einer renommierten Tourismusschule in Österreich erlernt.

Kochen ist für sie mehr, als nur Zutaten zu verarbeiten, es ist auch die Basis für Gesundheit und Vitalität. Als Kinder-Mentaltrainerin hat sie bereits viel Erfahrung gemacht mit dem Zusammenhang von Gesundheit und Ernährung. Es ist ihre Mission, Eltern zu zeigen, wie einfach es sein kann, eingeschlichene Gewohnheiten vom Immer-dasselbe-Essen über Bord zu werfen und mit Freude den täglichen Tisch kreativ und abwechslungsreich zu decken.

Susanne interessiert sich für alles rund ums Thema Gesundheit und Ernährung, vor allem in Zusammenhang mit Kindern. Sie liebt das Reisen in nahe und ferne Länder, Tiere (auch Gummibärchen), in der Natur die Seele baumeln zu lassen, zu lachen und das Leben zu genießen.

Ihr Motto lautet: Die geheime Zutat ist immer Liebe!

BILDNACHWEIS

Umschlag: U1 Stephanie Just, U4 von oben nach unten KathrinG, Liubaska

Privat: S. 12

Shutterstock.com:

S. 2 Guenter Albers, S. 16: Yuganov Konstantin, S. 62: beats1, S. 89: bozulek, S. 96: yajima, S. 204: Julia Sudnitskaya, S. 86: Ruslan Mitin, S. 104: Anna_Pustynnikova, S. 131: Inga Nielsen, S. 146: fizkes, S. 155 Bernd Juergens, S. 178: Olga Miltsova, S. 196: Aninka Bongers-Sutherland, S. 204: Julia Sudnitskaya, S. 211: marco mayer

Creativefabrica.com:

S. 15: Hoeda80

Depositphotos.com:

S. 19: oksixx, S. 21: AlexTort, S. 22: Niteenkasle, S. 23: jirkaejc, S. 24: magone, S. 26: aletia, S. 28: evgenyataman, S. 36: AlexLipa, S. 43: VadimVasenin, S. 44: lakshmi-777.yandex.ru, S. 45: etonastenka, S. 46: DimaBaranow, S. 47: dashmed, S. 48: gitusik, S. 50: HeikeRau, S. 51, S. 56, S. 66, S. 70: Odelinde, S. 52: etonastenka, S. 53: beornbjorn, S. 54: fahrwasser, S. 55: oleg_chumakov, S. 57: belchonock, S. 59: Stephanie Just, S. 60: ennar, S. 63: annabieniek, S. 64: YuliaRomashkO, S. 65: tycoon, S. 67: AnalacobPhotography, S. 69: LanaSweet, S. 71: ehaurylik, S. 72: ufabizphoto, S. 74: paulistano, S. 76: tarikkaanmuslu, S. 79: teine26, S. 82: Stephanie Just, S. 87: vichie81, S, 88: re_bekka, S. 89: bozulek, S. 91: iko, S. 92: Xalanx, S. 94: bernjuer, S. 97: NatalyaN, S. 98: tycoon, S. 99: Dessie_bg, S. 100: geargodz, S. 102: Lake_Wright, S. 106: bhofack2, S. 107: HandmadePicture, S. 108: nikpet, S. 110: denio109, S. 112: arundhati@callistainteriors.in, S. 114: duskbabe, S. 116: Liubaska, S. 118: robynmac, S. 122: ildi_papp, S. 123: KathrinG, S. 124: ChamilleWhite, S. 126: Ideenkoch, S. 128: iseinor@seznam.cz, S. 129: dadophotos, S. 130: studioM, S. 132: agneskantaruk, S. 136: keko64, S. 138: yarunivphoto, S. 140: intiso, S. 142: Alex33#33, S. 144: VadimVasenin, S. 148: somegirl, S. 149: PantherMediaSeller, S. 150: d_mikh, S. 152: zi3000, dar19.30, S. 154: lenyvavsha, S. 155: ajafoto, S. 156: bhofack2, S. 158: YAYImages, S. 160: skylinefree, S. 163: bhofack2, S. 164: Anetlanda, S. 165: Olga, S. 166: Isantilli, S. 167: alex9500, S. 169: fotovincek, S. 170: PantherMedia Seller, S. 172: Odelinde, S. 174: repinanatoly, S. 176: iko, S. 177: ajafoto, S. 179: bhofack2, S. 180: Alp_Aksoy, S. 182: BeBro,

S. 184: maddas, S. 186: petrograd99, S. 188: SerPhoto, S. 189: qwartm, S. 190: bernjuer, S. 192: BeBro, S. 194: adraticphoto, S. 197: uroszunic, S. 198: oqba, S. 200: StephanieFrey, S. 202: serezny, S. 203: HandmadePicture, S. 206: igordutina, S. 208: skylinefree, S. 209: AndreySt, S. 210: Stephanie Just, S. 212: Ulllia, S. 213: alicjane, S. 214: anyaivanova@gmail.com, S. 217: nioloxs, S. 218: white78, S. 219: duskbabe, S. 220: HandmadePicture, S. 222: tomert, S. 223: Odelinde, S. 224: mateuszfeliksik, S. 225: arundhati@callistainteriors.in, S. 226: 5seconds, S. 227: MarinaMos, S. 228: Nitrub, S. 229: sriba3, S. 230: Vladislav Noseek

Adobe Stock:
S. 9, S. 14, S. 29, S. 37, S. 195: serg78, S. 30: Pixel-Shot, S. 32: audi santoso, S. 90: dashtik, S. 131 Inga Nielsen

Pixabay:
S. 6

Bibliografische Information der Deutschen Nationalbibliothek
Die Deutsche Nationalbibliothek verzeichnet diese Publikation in der Deutschen Nationalbibliografie.
Detaillierte bibliografische Daten sind im Internet über https://dnb.de abrufbar.

Für Fragen und Anregungen
info@m-vg.de

Wichtiger Hinweis
Ausschließlich zum Zweck der besseren Lesbarkeit wurde auf eine genderspezifische Schreibweise sowie eine Mehrfachbezeichnung verzichtet. Alle personenbezogenen Bezeichnungen sind somit geschlechtsneutral zu verstehen.

3. Auflage 2025

Türkenstraße 89
80799 München
Tel.: 089 651285-0

Dies ist eine Neuauflage des 2021 erschienenen Titels *Gesund kochen für Kinder*.

Redaktion: Stephanie Kaiser-Dauer
Umschlaggestaltung: Maria Verdorfer
Layout und Satz: Müjde Puzziferri, MP Medien, München
Druck: Balto Print UAB, Litauen
Printed in the EU

ISBN Print 978-3-7423-2246-3
ISBN E-Book (EPUB, Mobi) 978-3-7453-2033-6

Wir produzieren nachhaltig
www.m-vg.de

Weitere Informationen zum Verlag finden Sie unter
www.rivaverlag.de
Beachten Sie auch unsere weiteren Verlage unter www.m-vg.de